# 어떤 문장은, 조용히 나를 일으킨다

LA ESCUELA DE LOS FILÓSOFOS by Denise Despeyroux
©2008 EDITORIAL OCÉANO S.L. Barcelona (Spain)
All rights reserved.

Korean Translation Copyright © NEXUS Press Co., Ltd.
Korean Translation arranged with EDITORIAL OCÉANO S.L. Barcelona (Spain)
through Icarias Agency (Seoul)

이 책의 한국어판 저작권은 이카리아스 에이전시를 통한
EDITORIAL OCÉANO S.L. Barcelona (Spain)과 독점 계약한 도서출판 넥서스에 있습니다.
저작권법에 의해 한국 내에서 보호를 받는 저작물이므로 무단 전재와 복제를 금합니다.

## 어떤 문장은, 조용히 나를 일으킨다

엮은이 데니세 데스페이루
옮긴이 박선영
펴낸이 임상진
펴낸곳 도서출판 넥서스

초판 1쇄 발행 2015년 8월 20일
초판 7쇄 발행 2018년 7월 15일

2판 1쇄 발행 2020년 3월 30일
2판 10쇄 발행 2024년 4월 15일

3판 1쇄 인쇄 2025년 3월 25일
3판 1쇄 발행 2025년 4월 5일

등록 2011년 10월 19일 제406-251002011000302호
주소 10880 경기도 파주시 지목로 5 (신촌동)
전화 (02)2088-2013

ISBN 979-11-94462-02-6 03100

저자와 출판사의 허락 없이 내용의 일부를
인용하거나 발췌하는 것을 금합니다.

가격은 뒤표지에 있습니다.
잘못 만들어진 책은 구입처에서 바꾸어 드립니다.

## 하루 딱 10분!
## 철학이 만만해지는 시간

# 어떤 문장은,
# 조용히 나를 일으킨다

데니세 데스페이루 엮음
박선영 옮김

Heraclitus
Thomas Hobbes
Max Horkheimer
David Hume
Immanuel Kant
Søren Kierkegaard
Thomas Kuhn
Gilles Lipovetsky
John Locke
Jean-François Lyotard
Niccolo Machiavelli
Karl Marx
Maurice Merleau-Ponty
John Stuart Mill
Friedrich Nietzsche
Pythagoras
Platon
Karl Popper
Protagoras
Jean-Jacques Rousseau
Bertrand Russell
Jean-Paul Sartre
Arthur Schopenhauer
Sénèque
Georg Simmel
Peter Singer
Socrates
Baruch Spinoza
Thales
Thomas Aquinas
Voltaire
Max Weber
Simone Weil
Ludwig Wittgenstein
Slavoj Žižek

Georges Berkeley
Albert Camus
Émile Chartier
Auguste Comte
Arthur Danto
Gilles Deleuze
Jacques Derrida
René Descartes
Diogenes
Empedocles
Epicurus
Erasmus
Luc Ferry
Michel Foucault
Sigmund Freud
Erich Fromm
Hans-Georg Gadamer
Georg Hegel
Martin Heidegger

Theodor Adorno
Augustinus
Louis Althusser
Anaxagoras
Hannah Arendt
Aristoteles

Simone de Beauvoir
Walter Benjamin
Jeremy Bentham

지식의 숲

어떤 문장은,

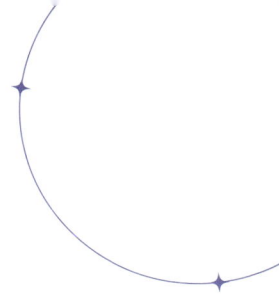

### 단 한 줄로도 모든 것을 바꿉니다.

내 안에 숨어 있던
작지만 큰 생각을 일으켜 줄
철학자의 한 문장이 필요했다면
이 책을 잘 만난 것입니다.

엄선한 몇 개의 문장만으로
수많은 철학자를 만나볼 수 있으니까요.

## 여기에 모인 문장들이
## 단번에 이해되지 않을지도 모릅니다.

알맹이만 모아 놓고 보니
한 문장 한 문장의 무게가 상당합니다.
원전에서 뽑은 날것 그대로의 문장들이기에 거칩니다.
해설 없이도 기꺼이 읽어내야 하기에 불친절합니다.

하지만 분명한 건,
하루하루 철학이 만만해져
결국 나와 맞는 문장을 만나게 될 것이라는 겁니다.

이 책은 곁에 두고 생각날 때마다
느긋한 마음으로 펴보셨으면 합니다.

그러다 어느 한 문장, 어느 한 사람이라도
내 마음에 오롯이 남는다면
어느 철학자의 다른 책을 만나
조금 더 오랜 사유의 시간을 가져보길 바랍니다.

많은 수고로움을 거쳐
책의 모든 문장을 담아둘 필요는 없습니다.

하지만
조금 더 만나고 싶은 철학자가 있다면,
그런 사유의 시간이 생긴다면,

**조용히 나를 일으켜 줄 것입니다.**

## contents

### A
| | |
|---|---|
| **테오도르 아도르노** Theodor Adorno | 014 |
| **아우구스티누스** Augustinus | 018 |
| **루이 알튀세르** Louis Althusser | 022 |
| **아낙사고라스** Anaxagoras | 026 |
| **한나 아렌트** Hannah Arendt | 030 |
| **아리스토텔레스** Aristoteles | 034 |

### B
| | |
|---|---|
| **프랜시스 베이컨** Francis Bacon | 038 |
| **롤랑 바르트** Roland Barthes | 042 |
| **장 보드리야르** Jean Baudrillard | 046 |
| **시몬 드 보부아르** Simone de Beauvoir | 050 |
| **발터 벤야민** Walter Benjamin | 054 |
| **제러미 벤담** Jeremy Bentham | 058 |
| **앙리 베르그송** Henri Bergson | 062 |
| **조지 버클리** George Berkeley | 066 |

### C
| | |
|---|---|
| **알베르 카뮈** Albert Camus | 070 |
| **에밀 시오랑** Emile Cioran | 074 |
| **오귀스트 콩트** Auguste Comte | 078 |
| **아서 단토** Arthur Danto | 082 |

## D

**질 들뢰즈** Gilles Deleuze — 086

**자크 데리다** Jacques Derrida — 090

**르네 데카르트** René Descartes — 094

**디오게네스** Diogenes — 098

## E

**엠페도클레스** Empedocles — 104

**에피쿠로스** Epicurus — 108

**에라스무스** Erasmus — 112

## F

**뤽 페리** Luc Ferry — 116

**미셸 푸코** Michel Foucault — 120

**지그문트 프로이트** Sigmund Freud — 124

**에리히 프롬** Erich Fromm — 128

## H

**한스 게오르크 가다머** Hans-Georg Gadamer — 132

**게오르크 헤겔** Georg Hegel — 136

**마르틴 하이데거** Martin Heidegger — 140

**헤라클레이토스** Heraclitus — 144

**토마스 홉스** Thomas Hobbes — 148

**막스 호르크하이머** Max Horkheimer — 152

**데이비드 흄** David Hume — 156

## K
| | |
|---|---|
| 임마누엘 칸트 Immanuel Kant | 160 |
| 쇠렌 키에르케고르 Søren Kierkegaard | 164 |
| 토마스 쿤 Thomas Kuhn | 168 |

## L
| | |
|---|---|
| 질 리포베츠키 Gilles Lipovetsky | 172 |
| 존 로크 John Locke | 176 |
| 장 프랑수아 리오타르 Jean-François Lyotard | 180 |

## M
| | |
|---|---|
| 니콜로 마키아벨리 Niccolo Machiavelli | 186 |
| 칼 마르크스 Karl Marx | 190 |
| 모리스 메를로퐁티 Maurice Merleau-Ponty | 194 |
| 존 스튜어트 밀 John Stuart Mill | 198 |

## N
| | |
|---|---|
| 프리드리히 니체 Friedrich Nietzsche | 202 |

## P
| | |
|---|---|
| 피타고라스 Pythagoras | 206 |
| 플라톤 Platon | 210 |
| 칼 포퍼 Karl Popper | 214 |
| 프로타고라스 Protagoras | 218 |

## R
| | |
|---|---|
| 장 자크 루소 Jean-Jacques Rousseau | 222 |
| 버트런드 러셀 Bertrand Russell | 226 |

## S

| | |
|---|---|
| 장 폴 사르트르 Jean-Paul Sartre | 230 |
| 아르투르 쇼펜하우어 Arthur Schopenhauer | 234 |
| 세네카 Seneca | 238 |
| 게오르크 짐멜 Georg Simmel | 242 |
| 피터 싱어 Peter Singer | 246 |
| 소크라테스 Socrates | 250 |
| 바뤼흐 스피노자 Baruch Spinoza | 254 |

## T

| | |
|---|---|
| 탈레스 Thales | 258 |
| 토마스 아퀴나스 Thomas Aquinas | 262 |

## V

| | |
|---|---|
| 볼테르 Voltaire | 266 |

## W

| | |
|---|---|
| 막스 베버 Max Weber | 270 |
| 시몬 베유 Simone Weil | 274 |
| 루트비히 비트겐슈타인 Ludwig Wittgenstein | 278 |

## Z

| | |
|---|---|
| 슬라보예 지젝 Slavoj Zizek | 282 |

| | |
|---|---|
| **INDEX** 철학자 시대순으로 보기 | 286 |

A
-
D

# Theodor Adorno

**테오도르 아도르노**

독일 프랑크푸르트 1903~1969

『미니마 모랄리아: 상처받은 삶에서 나온 성찰(Minima Moralia: Reflections from Damaged Life)』, 1951
『부정변증법(Negative Dialectics)』, 1966
『미학이론(Aesthetic Theory)』, 1970

휴가에서 돌아온 아이에게 집은 새롭고 신선한 축제와 같다.
그러나 집을 떠난 날부터 그곳은 전혀 변한 것이 없다.
휴가에서 돌아와 잠시 가구와 창문, 전등 하나하나가
일깨우는 의무를 잊는다는 사실만으로도 집 안에 안식년의
평화가 찾아든다. 비록 몇 분 동안 지속된 평화일지라도
집 안의 거실, 방, 복도와 이룬 완벽한 조화는
이 축제와도 같은 거짓이 마치 전생에 걸쳐 지속될 것이라
확인해주는 것 같다. 혹 세상을 바라보는 방식에 변화가
없고 실제로 거의 변한 것이 없다 해도 영원한 축제의 빛으로
일의 법칙에서 벗어난 이에게 의무는 마치 휴가에서 하는
놀이처럼 손쉽게 느껴질 것이다.

—『미니마 모랄리아: 상처받은 삶에서 나온 성찰』

## 이성의 부조리에 대해 비판하다

막스 호르크하이머와 함께 프랑크푸르트학파의 핵심을 이루는 대표 학자이자 철학은 물론 사회학과 음악학을 연구한 철학자이다. 그는 발터 벤야민의 저자이자 친구로서 함께 풍성한 대화의 장을 열었다. 0-도르노가 철학사에 가장 독창적으로 기여한 것은 '부정 변증법'에 대한 옹호다.

나치즘이 대두하자 망명해야 했던 아도르노는 1941년에 캘리포니아로 이주하여 절친한 동료인 막스 호르크하이머와 함께 『계몽의 변증법』을 출간했고, 진보가 인류를 인간적인 상태로 인도하는 대신 새로운 형태의 야만에 빠지게 만들었다는 점을 증명했다.

● 인간이 잔학한 행위를 저지르도록 만드는 메커니즘들을 발견하여
그 행위를 한 사람들에게 보여주고, 다시는 그런 행위를 저지르지 않도록
막아야 한다. 동시에 그 같은 메커니즘들에 대한 일반적인 의식을 일깨워야 한다.


● **아우슈비츠가 반복되지 않도록
하는 것만큼 중요한 과제는 없다.
이와 비교하면 교육적 이상에 대한
여타의 논의는 그저 공허할 뿐이다.
아우슈비츠는 야만이었고,
모든 교육이 향해야 할 길은
그런 야만이 재발하지 않도록 하는 것이다.**


● 우리는 선천적으로 획득한 책임을 갖고 태어난다.
우리는 모두 지나간 불의의 상속자들이다.
어떤 이는 불의를 재산으로 상속하고,
또 다른 이는 이를 불운으로 상속한다.


　　　　　● 누군가 우리를 기다리고 있다.
　　　　　우리 이전에 존재했지만 과거에 남지 않고
　　　　　우리를 앞서간 사람들이다.
　　　　　그들이 누구인가?
　　　　　바로 희생자들과 패자들의 집단,
　　　　　자신의 존엄성을 박탈당했기 때문에
　　　　　평안히 쉴 수 없는 모든 사람이다.
　　　　　그들이 우리를 기다리는 이유는
　　　　　우리에게 받아야 할 빚이 있고,
　　　　　우리가 청산해줘야 할
　　　　　미결의 권리가 남아 있기 때문이다.

선물을 주는 행위로 얻을 수 있는 진정한 행복은 선물을 받는 이의 행복을 상상하는 데 있다. 선물 행위란 자신의 선호에서 벗어나 고르고, 시간을 투자하는 것을 의미한다. 그러나 이 같은 행위를 할 수 있는 사람은 이제 거의 없다. 이렇게 타락한 원인은 근본적으로 원하는 것이 없어져 무엇을 선물할지 모른다는 데서 기인한다. 이러한 점을 반영하여 만들어진 슬픈 발명품이 바로 선물 용품이다. 이러한 상품들에는 구입자가 그렇듯이 관계가 결여되어 있으며 그 때문에 태생부터 죽어 있다고 할 수 있다.

**세상 모든 사람이 새들의 노래가 아름답다고 믿는다. 감정을 지닌 사람이라면 비가 내린 뒤 구관조가 부르는 노래에 감동받지 않을 수 없을 것이다. 하지만 새들의 노래는 즐거움의 발로가 아니라 그들을 가두는 저주에 대한 순종이다. 따라서 그 안에는 무엇인가 끔찍한 것이 있다.**

아도르노의 저서 『아모르바흐의 어린시절』. 아놀드 쇤베르크와 안톤 베베른의 영향을 받은 아도르노는 음악 형식과 복잡한 철학적 개념을 연관짓기도 했다.

# Augustinus
## 아우구스티누스
누미디아 타가스테 354~430

『서신들(Letters)』, 386~430
『고백록(Confessions)』, 397~400
『신국론(The City of Gods)』, 413~426

신을 사랑한다는 것은 무엇인가? 대지에게 묻자 대지는
나에게 "나는 신이 아니다"라고 말했다. 바다와 심연에게
묻자 그들은 나에게 "우리는 너의 신이 아니다. 우리
위에서 찾으라"라고 대답했다. 그래서 부드러운 미풍과
공기, 그리그 그 공기 안에 사는 것들에게 물었다.
또 해와 달, 별에게 물었더니 그들 역시 한목소리로
"우리는 네가 찾아다니는 신이 아니다"라고 말했다.
나는 내 감각을 둘러싼 만물에게 말했다.
"모두들 나의 신이 아니라고 주장한다면 어쩔 수 없지.
그럼 신에 대해 무엇을 말해줄 수 있는가?"
그러자 모드들 한소리로 외쳐 대답했다.
"그가 우리를 만들었다."
나는 나의 사색으로 그들에게 질문했고,
그들은 자신의 아름다움으로 내게 대답했다.

—『고백록』

### "참된 행복은 신을 사랑하는 그 자체에 있다"

철학자이자 사상가였던 아우구스티누스는 히포의 아우구스티누스 혹은 성 아우구스티누스로 더욱 잘 알려져 있다. 그는 로마 제국의 위기와 멸망과 함께 정치사회적으로 매우 불안정한 시대를 살았다. 가톨릭 교회에 속하기 전까지 다양한 철학을 공부했으며, 열정적으로 진리를 추구하는 인생을 살았다.

그는 그리스도의 교리를 확립하기 위해 플라톤주의를 이용했고, 이로 인해 의도하지는 않았지만 중세에 그리스 문화를 전파하는 데 공헌했다. 라틴어로 쓰인 그의 작품들은 유럽의 신생 그리스도 세계와 그리스-로마 문화를 이어주는 효율적인 수단이었다. 또한 그는 '원죄'라는 관념을 확립한 철학자이기도 하다.

○ 신은 불가능한 일을 명하지 않는다.
신은 명할 때 네가 할 수 있는 일을 하도록 초대하고,
네가 할 수 없는 일에는 해낼 수 있도록 도움을 준다.

○ 사랑을 측정하는 법은 측정하지 않고
사랑하는 것이다.

○ 부족한 것을 받을 자격이 있도록
네가 가진 것을 주어라.

○ 오만은 위대한 것이 아니라 부푼 것이다.
부푼 것은 커다랗게 보일지 몰라도 건전하지 못하다.

○ 인간은 신을 위해서가 아니라
자기 자신의 방향을 제대로
정하기 위해 기도한다.

초기 가톨릭교회의 4대 교부 중 한 사람으로
일컬어지는 성 아우구스티누스와 성모 모니카

필리핀 마닐라에 있는
성 아우구스티누스상

- 각성과 꿈의 간극은 너무도 크다.
  일례로 우리는 꿈을 꾸고 있는 동안
  나쁜 환상에 이끌리도록
  자신을 방치하다가도 깨어나면
  여전히 평화로운 의식을 발견한다.
  또한 우리에게 벌어진 일,
  많은 이가 한탄하는 일에도
  자신은 책임을 질 당사자가
  아니라고 확신한다.

- 영혼에서 완전히 사라진 것은 상기하려고 해도 할 수가 없다.
  우리가 무엇인가를 잊었다고 기억하는 것은
  망각이 온전하지 않기 때문이다.
  온전히 망각된 것은 찾을 수조차 없다.

  - 미덕의 하나인 인내를 사랑할 때조차
    인내하는 것 자체를 사랑하는 자는 없다.
    인내를 지닌 것보다는 인내할 것이 없는
    것이 더욱 좋으리라.

# Louis Althusser

## 루이 알튀세르

알제리 비르망드레 1918~프랑스 파리 1990

『맑스를 위하여(For Marx)』, 1965
『당내에 더 이상 지속되어선 안 될 것(What Can No Longer Continue in the Communist Party)』, 1978
『미래는 오래 지속된다(The Future Lasts Forever)』, 1985

나는 다음과 같은 교사들, 즉 열악한 조건에서 자신이 포로로 잡혀 있는 이데올로기와 체제, 그리고 관행에 대항해 역사에서 찾을 수 있는 얼마 안 되는 무기들과 자신이 '가르치는' 지식을 아이들에게 되돌려주려 노력하는 교사들에게 용서를 구한다. 그러나 이런 교사들은 사실상 거의 없으며 많은 교사들이 개인들을 짓밟는 체제를 따르라고 강요하면서 '그 일'에 대해 한 치의 의심도 품지 않는다. 우리 조상들에게 교회가 '자연스럽고' 필수불가결하며 자애로움의 표상이었던 것처럼, 학교라는 이데올로기적 표상은 '자연스럽고' 필수불가결하며 심지어는 자선을 행하는 것처럼 보인다. 대부분의 교사는 이러한 학교의 표상을 유지하고 육성하는 데 도움을 주고 있지만 정작 자신들은 이를 전혀 상상도 하지 못한다.

— 『이데올로기와 이데올로기적 국가기구(Ideology and ideological state apparatuses)』

## 자신만의 방식으로 이데올로기를 정의하다

파리에서 철학을 공부한 루이 알튀세르는 프랑스 공산당의 주요 이론가가 되었다. 그 후 제2차 세계대전에 참전했고, 독일군에게 체포되어 포로수용소에서 5년을 보냈다. 1947년에 정신이상을 진단받고 정신병원에 입원한 이래 여생을 정신병 문제로 고통받았으며, 20차례 넘게 병원에 입원해야 했다. 1980년에 자신의 아내를 교살하여 기소되는 사건이 있었는데, 정신착란 상태에서 저지른 범죄임이 증명되어 풀려났다. 이때 프랑스 우파는 좌파가 알튀세르를 감옥에 가두지 못하게 막았다며 비판하기도 했다.

○ 철학 에세이에서 내가 옹호하려 했던 근본적인 견해를 몇 마디로 요약하라고 한다면, 마르크스가 새로운 과학 분야인 역사과학을 확립했다고 말하겠다. 덧붙여 이 과학적 발견은 인간 역사에 전례가 없는 이론적 정치적 사건이며 명백하게 돌이킬 수 없는 것이라고 밝히겠다.

○ **가톨릭교도였던 나의 동료 중 대부분은 '역사적 간계'에 의해 공산주의자가 되었다. 인민전선, 스페인 내전, 파시즘에 대항한 전쟁, 레지스탕스는 우리가 '사회 문제'를 가까이서 살펴볼 수 있도록 해주었고, 그 문제의 진정한 이름이 계급투쟁이라는 것을 가르쳐주었다.**

○ 철학적 실천의 주요 기능은 진정한 사상과 허위 사상 사이의 '선 긋기'라는 단 한 가지 표현으로 요약된다. 이는 레닌의 표현이다.

○ 역사를 움직이는 동력은 계급투쟁이다.

○ 『인간이 역사를 만든다』는 부르주아 이데올로기의 명제가 세상 모든 사람에게 적용된다고 말한다. 자본가든 쁘띠 부르주아지든 프롤레타리아든 상관없이 모두 인간이기에 역사를 만드는 주체가 될 수 있다는 주장이다. 그러나 이는 진실이 아니다. '인간'을 말하는 데 관심이 있는 자들에게는 쓸모가 있겠지만, 적어도 민중에게는 아니다. 그들은 '인간'에 대해 말하면서도 계급과 투쟁에 대해서는 말하지 않는다.

○ **학교는 모든 사회계급의 아이들을 담당하는데, 특히 아이들이 가장 취약한 시기인 유치원을 시작으로 이후 수년 동안 지배 이데올로기로 덧씌운 '능력들(언어, 산수, 자연사, 과학, 문학)'을 주입한다. 심지어는 순수한 상태의 지배 이데올로기(윤리, 시민 교육, 철학)를 한층 직접적인 방식으로 주입하기도 한다.**

○ 지배 국가의 이데올로기적 장치라는 측면에서 과거 교회의 기능은 오늘날 학교로 대체되었다.

알튀세르는 휴머니즘 차원이었던 맑스주의 이론을 과학의 수준으로 끌어올렸다.

# Anaxagoras
## 아낙사고라스
이오니아 클라조메나이 BC 500~밀레투스 람프사코스 BC 428

디오게네스 라에르티오스, 『그리스 철학자 열전(Lives of Eminent philosophers)』, BC 3
조너선 반스, 『소크라테스 이전 철학자(The Presocratic Philosophers)』, 1982
G. S. 커크, J. E. 레이븐, M. 스코필드 공저, 『소크라테스 이전 철학자(The Presocratic Philosophers)』, 1983

정신은 가장 큰 것부터 가장 작은 것에 이르기까지 영혼을 소유한 만물을 지배하며, 맨 처음부터 만물의 유전(流轉)을 지배해온 것 역시 정신이다. 처음에는 작은 범위에서 시작했지만 점점 범위가 커져갔고 앞으로는 한층 더 큰 범위에서 유전하게 될 것이다. 또한 정신은 섞인 것과 구분된 것, 분리되어 나온 것들을 전부 인식하고 있으며, 이제 막 존재로 생성되려는 모든 것과 과거에 존재했으나 이제는 존재하지 않는 모든 것, 현재 존재하는 모든 것과 앞으로 존재하게 될 모든 것에 질서를 부여했다. 심지어 지금의 별과 해, 달과 공기, 그리고 에테르가 유전하여 분리된 것도 이 정신의 유전 덕분이다.

— 심플리치오, 『물리학(Physics)』

## "정신은 만물 중에서 가장 순수하다"

클라조메나이에서 태어난 아낙사고라스는 아테네로 이주한 첫 번째 철학자였다. 아낙시메네스의 제자로 추정되는 그는 『자연에 대하여(About Nature)』를 저술했다고 알려져 있는데, 이 책의 일부가 겨우 남아 다른 철학자들에 의해 인용되었다.

그는 생명과 지성의 근원으로 '누스(nous)'라는 개념을 도입했다. 또한 태양이 그저 백열하는 돌덩이라고 주장하다 불경죄로 몰려 람프사코스로 쫓겨났는데, 그곳에서 굶어 죽었다고 전해진다. 아낙사고라스는 자신의 아들 중 한 명이 죽었다는 소식을 접하자 "나는 이미 언젠가 죽는 존재를 잉태했다는 사실을 알고 있었다"라고 대답했다. 그가 남긴 마지막 말은 "(죽은 자들의 나라인) 하데스로 내려가는 것은 어디서나 마찬가지다"였다.

○ 태양과 달, 모든 별은 백열하는 돌덩이들이다.

○ 태양은 펠로폰네소스 반도보다 크다.

○ 모든 것은 본래 함께 있었고,
수적으로 무한히 많은 동시에 무한히 작았다.
이는 작다는 것이 곧 무한하다는 뜻이기 때문이다.
그래서 모든 것이 함께 있을 때는 그 작음으로
말미암아 어떤 것도 구분할 수 없었다.
단, 두 개의 무한인 공기와 에테르는
수와 크기 양쪽 면에서 가장 컸기 때문에
모든 것을 감싸고 있었다.

○ **작은 것에는 가장 작은 부분이 존재할 수 없고, 항상 더 작은 부분이 있다. 존재하는 것이 존재하지 않게 되기가 불가능하듯이 큰 것에도 항상 더 큰 것이 있게 마련이다. 이는 적어지는 수에도 동일하게 해당되며 각각은 자기 자신과 비교할 때 크거나 작다.**

○ 큰 것과 작은 것을 이루는 부분들의 수효는 양적으로 같기 때문에 만물은 만물 안에 있어야 한다. 또한 만물은 분리되어 존재하지 못하므로 그 자체가 자연히 부분이 된다. 다시 말해 가장 작은 부분이 존재하는 것은 불가능하기 때문에 그 어떤 것도 분리되거나 독립적인 자기 자신이 될 수 없고 시초에 그랬던 것처럼 언제나 함께 있어야 한다.

아낙사고라스와 그의 제자들. 그에게는 많은 제자가 있었고, 그중 일부는 유명한 철학자가 되었다.

● 이 유일한 우주에서 사물은
 서로 떨어져 있지 않으며
 차가운 것에서 뜨거운 것을 혹은
 뜨거운 것에서 차가운 것을
 도끼로 잘라내듯 분리할 수도 없다.

● 정신을 제외한 각각의 사물에는
 만물의 부분이 들어 있고,
 그중 어떤 것들에는 정신이 깃들어 있다.

● 다른 모든 것에는 만물의 일부가 포함되어 있지만,
 정신은 무한하고 자율적이며 다른 것과 섞이지 않는다.
 즉, 정신만이 스스로 자신 안에 존재한다.

● 정신은 만물 중에서 가장 미세하고 순수한 것이며,
 동시에 만물에 대한 완전한 지식과 최대의 권력을
 지니고 있다.

오귀스탱 루이 벨의 그림 「아낙사고라스와 페리클레스」

# Hannah Arendt

### 한나 아렌트
독일 하노버 1906~미국 뉴욕 1975

『전체주의의 기원(The Origins of Totalitarianism)』, 1951
『인간의 조건(The Human Condition)』, 1958
『예루살렘의 아이히만(Eichmann in Jerusalem)』, 1963

고독 속의 사고가 대화체일 때는 그 특성상 늘 의문이 되게
마련이다. 의문은 언제나 무관심과 우유부단함 사이에서
이 두 가지 가능성을 모두 유지한다. 마치 돌을 부딪쳐
불을 피우는 것처럼 대화에서 사고의 불꽃이
튈 때까지 대화는 이 두 가지 가능성 사이를 오간다.
대화가 우유부단함으로 귀결되면, 즉 참을성을 상실하게
되면 의문은 절망으로 변모한다. 절망은 사고를 신뢰할 수
없다고 생각하게 되는 바로 그 시점에 발생한다.
그러나 불신은 의문이나 절망과는 전혀 관계가 없다.
불신은 보호받지 못한 자가 사람들 사이에서 처신하는
태도이자 법칙이다.

—『사유의 일기(Thought Diary)』

## 자유를 찾아 18년간 무국적자로 떠돌다

유대인 부르주아 집안에서 태어난 한나 아렌트는 일찍부터 뛰어난 지적 능력으로 철학에 대한 사랑을 키웠다. 하이데거의 가르침을 받고 싶었던 그녀는 열여덟 살에 마르부르크에 가서 그의 제자가 되었으며, 얼마 지나지 않아 스승의 비밀 연인이 되었다. 그러나 자녀까지 있는 기혼자 하이데거와의 불륜은 지속되기 어려웠다. 마침 나치즘이 태동하면서 아렌트는 프랑스로 망명했고, 이후 미국으로 건너갔다. 그로 인해 자연스럽게 하이데거와 헤어졌으나 1950년에 재회했다. 아렌트는 자신의 저술에서 매우 독특한 시각으로 권력, 정치, 권위 및 전체주의와 같은 주제들을 다루었다.

○ 인간에게 주어진 시간은 영원하다.
인간은 사는 동안 이 영원의 섬광들을
세상에 제공함으로써
역사의 영속성에 기여한다.
따라서 역사는 인류의 영원,
다시 말해 모든 인간이 지상에서
영원에 대해 남기는 것이다.

○ 근본적인 악은 절대 일어나서는 안 되었던 것,
우리와 절대 화해할 수 없는 것,
어떤 상황에서도 임무로 받아들여질 수 없는 것,
그리고 우리가 오랫동안 침묵할 수 없는 것이다.

○ **용서는 복수보다 순수한 분노에 가깝고,
어쩌면 그 분노마저 사그라지게 만드는
슬픔 그 자체다.**

○ 그릇된 인식은 자신의 실패를 왜곡하여 인식하는 데 있다
사실 자신의 동기에 그 어떤 의심도 품지 않는 것은 과오가 아니다.
그릇된 인식은 과오라기보다는 오히려 약함의 표현이다.

○ 빠른 속도로 찾아드는 행운은 우리를 죽음으로
내몰 수 있는 위험을 내포한다. 반대로 불행이
찾아드는 형태는 마치 기어오는 것과 같아서,
항상 적응하고 대응할 수 있는 시간을 준다.

한나 아렌트의 저서 『예루살렘의 아이히만』은 유대인 학살의 주범이었던 아돌프 아이히만의 재판 과정을 기록한 책이다.

● 타인의 연인을 사랑할 때 우리는 평범한 연인 관계에서와는 다른 열정을 품게 된다. 일단 이러한 열정을 느끼면 우리와 타인을 연결해주고 때로는 분리하기도 하는 세상의 완충 공간이 마치 불꽃에 휩싸인 듯 사라져버린다. 이렇듯 보통의 연인들 사이에 존재하는 평범한 세상이 불타버렸다는 사실, 달리 말해 그들의 관계에 평범한 세상이 결핍되었다는 사실 때문에 이들은 보통 연인들과 구분된다.

● 모든 새로운 생명의 탄생은 이 세상에서 구원받을 수 있다는 사실의 보증이며, 더 이상 새롭게 시작할 수 없는 사람들에게는 구제의 약속과도 같다.

● 자녀라는 새로운 세상이 없는 불모의 사랑은 언제나 파괴적이고 반정치적이지만, 바로 그런 이유에서 그 순수성에는 진정 인간적인 것이 피어난다.

# Aristoteles

**아리스토텔레스**

마케도니아 스타게이로스 BC 384~에우보이아 칼키스 BC 322

『니코마코스 윤리학(Nicomachean Ethics)』
『시학(Poetics)』
『정치학(Politics)』
『형이상학(Metaphysics)』

욕망, 분노, 두려움, 용기, 시기, 기쁨, 친밀감, 증오, 갈망, 경쟁심, 연민 등 일반적으로 즐거움과 괴로움을 동반하는 모든 감정을 나는 열정이라 부른다. 우리가 화를 내거나 슬퍼하거나 동정하게끔 만드는 이러한 감정들을 느끼도록 해주는 능력을 나는 힘이라 부른다. 우리는 화가 났을 때 그 감정을 격하게 표현하기도 하고 소극적으로 에둘러 표현하기도 한다. 혹은 나쁜 의도로 부러 화를 내거나 목적을 위해 분노를 적절히 조절하기도 한다. 이처럼 열정의 여러 감정을 좋게 혹은 나쁘게 표현하도록 이끄는 성향을 나는 습관이라 부른다.

—『니코마코스 윤리학』

## 서양 철학의 근본을 다지다

아리스토텔레스는 플라톤의 아카데미에 다니던 제자로, 그가 설립한 삶과 연구의 공동체인 리케이온이 자리한 아테네에서 생의 대부분을 보냈다.

오늘날까지 전해지는 아리스토텔레스의 저작은 논리학, 물리학, 형이상학, 윤리학, 정치학, 수사학, 시학 등 실로 방대하다. 집필 연대를 알 수 없는 그의 저술들은 제한된 소수만을 대상으로 쓰였다. 그는 지식을 이론학, 실천학, 시학이라는 세 범주로 나누었고, 이 구분은 수 세기 동안 유지되었다. 그의 철학은 파르메니데스의 일원론과 플라톤의 이원론을 단숨에 극복했으며, 이때부터 인간을 단일한 존재로 파악하기 시작했다.

○ 행복은 우연의 산물이 아니다.
행복은 신들의 선물인 동시에 우리가 노력한 결과다.

○ 우정은 두 개의 몸에 깃든 하나의 영혼,
두 개의 영혼에 깃든 하나의 마음이다.

○ **나는 적을 정복한 사람보다
자신의 욕구를 정복한 사람이
더 용감하다고 생각한다.
가장 어려운 승리는
자기 자신에 대한 승리이기 때문이다.**

○ 무지한 자는 단언하지만
현명한 자는 의심하고 숙고한다.

○ 현자는 생각한 모든 것을 말하지 않지만,
말한 모든 것을 항상 생각한다.

○ 덕에서 고무된 모든 행위는
선과 미의 관점에서 이루어진다.
이렇듯 베푸는 것은 아름다운 일이니,
관대한 인간은 마땅히 베풀 것이다.

○ 어리석은 허영꾼과 허풍쟁이는 실제로는 지니지 못한
자질을 갖춘 것처럼 남을 속이고 싶어 하는 사람이다.
반대로 자신을 낮추는 사람은 자신이 지닌 자질조차 감춘다.
이 두 가지 극단의 가운데에 있는 사람은 있는 그대로
자신을 보여주며 삶을 살아가는 데 있어서나
말을 함에 있어서 항상 진솔하다.

○ 덕은 선행을 받는 것이 아니라
베푸는 데 있다.

○ **시민들이 서로 우정을 나눈다면 정의는 필요치 않을 것이다.**

○ 교육은 번영의 장식이고
역경의 피난처다.

아리스토텔레스는 해부학과 생물학의
선구자이자 분류학의 창시자였다.

# Francis Bacon

### 프랜시스 베이컨
영국 런던 1561~1626

『학문의 진보(The advancement of Learning)』, 1605
『신기관(The New Organon)』, 1620
『수상록(Essays)』, 1625

어떤 책은 그저 맛만 보면 되고, 또 어떤 책은 통째로
집어삼켜야 하며, 소수의 책 몇 권은 반드시 꼭꼭 씹어
소화시켜야 한다. 즉 일부만 읽어도 상관없는 책이 있고,
그다지 주의 깊게 읽지 않아도 되는 책이 있는가 하면,
정성껏 주의를 기울여 통독해야 하는 책도 있다는 말이다.
간혹 남들이 써놓은 요약본을 대신 읽어도 되는 책도
있지만 어디까지나 상대적으로 덜 중요한 주제를 다뤘거나
내용이 빈약한 것에 한정한다. 이 밖에도 발췌가 주를
이루는 책을 들 수 있는데 이 같은 책은 마치 증류수와
같아서 도통 맛이 나지 않는다. 제대로 된 독서법을
따른다면 독서는 충실한 인간을 만들고, 대화는 재치 있는
인간을 만들며, 문필은 정확한 인간을 만든다.

—『수상록』

### "아는 것이 힘이다"

영국의 철학자이자 정치가였던 베이컨은 케임브리지 대학에서 공부했다. 황제 외교단의 수행원 자격으로 파리에 건너간 뒤, 열여덟 살이 되던 해에 영국으로 돌아와 변호사와 정치가의 삶을 시작했다. 이후 영국 의회의 의원을 역임했고, 엘리자베스 1세의 총애를 받던 에식스 백작의 개인 고문이 되었다. 엘리자베스 1세 여왕이 죽은 뒤 1603년에 왕위에 등극한 제임스 1세에 의해 국왕 법률고문, 법무장관 및 대법관에 임명되었다.

그는 1620년에 저서 『신기관』을 출판했으나, 2년 뒤에 뇌물수수 혐의로 탄핵을 받고 공직에서 물러나 연구와 저술에 몰두했다. 죽기 1년 전에 『수상록』의 세 번째 증보판을 출판했다.

- 역사는 인간을 현명하게 하고,
시는 인간을 슬기롭게 한다.
수학은 인간을 섬세하게 만들고,
자연철학은 인간의 사고를 깊이 있게 해준다.
도덕은 인간을 진지하게 만들고,
논리학과 수사학은 토론에 능숙해지게 한다.

- 나는 인간보다 책을 연구하는 편을 선호한다.

- 희망은 훌륭한 아침 식사이지만 나쁜 저녁 식사이기도 하다.

- **아는 것이 힘이다.**

- 인간의 우월성은 인간이 지닌 지식의 깊이에 숨겨져 있다.

- 적절한 순간에 선택하면 시간을 절약할 수 있다.

베이컨의 철학은 인간이 자연의 노예인 동시에 해석자이고, 진실은 권위에서 비롯되지 않으며, 지식은 모든 경험의 산물이라는 사상을 낳았다.

**● 악한 사람은 선한 사람인 척할 때 가장 악하다.**

**● 일반적으로 인간의 본성에는
지혜보다 광기가 더 많다.**

● 새들 사이에 몸을 숨긴 박쥐처럼
의심은 사고들 사이에 웅크리고 있다가
황혼이 되어서야 비상하기 시작한다.

● 새로운 해결책을 적용하지 않으려는 사람은
새로운 악을 견뎌낼 준비를 해야 한다.
이는 시간이 곧 최고의 혁신이기 때문이다.

● 위인의 행복은 스스로 행복을 느끼는 데 있는 것이 아니라,
타인이 얼마나 행복하게 느끼는지 이해하는 데 있다.

# Roland Barthes

## 롤랑 바르트

프랑스 셰르부르 1915~프랑스 파리 1980

『신화론(Mythologies)』, 1957
『텍스트의 즐거움(The Pleasure of the Text)』, 1973
『사랑의 단상(A Lover's Discourse: Fragments)』, 1977
『밝은 방(Light Chamber)』, 1980
『오브비와 옵투스(The Obvious and the Obtuse)』, 1982

나는 오늘 아침 안으로 어떤 사업의 성패를 좌우할
'중요한' 편지를 써야 한다. 매우 시급한 일임에도 당장
시작하기는커녕 보내지도 않을 사랑의 편지를 쓰고 있다.
사랑이라는 눈부신 의무에서 탄생한 이 쓸데없는 작업을
하려고 단조로운 일상의 작업과 합리적인 양심의 가책,
세상이 기대하는 반응 양식을 기꺼운 마음으로 내동댕이친
것이다. 언제나 신중하게 미친 짓을 벌여온 덕분에 나는
항상 내 광기의 유일한 증인이었다. 그리고 이 순간 사랑이
내 안에서 벌거벗은 것 역시 광기의 또 다른 에너지다.
내가 하는 모든 일에는 어떤 의미가 있지만(그래서 나는 불평
없이 살 수 있지단), 이 일에서만큼은 의미를 찾는 것이
결코 달성할 수 없는 목적이기에 그저 내 힘이 어디까지
도달할 수 있는지를 알 수 있을 뿐이다.

―『사랑의 단상』

## 괴테를 비롯한 '사랑의 담론들'을 다루다

소르본 대학에서 고전문학으로 학사 학위를 받은 롤랑 바르트는 철학, 문학비평, 매스컴 및 사회학 분야를 포괄하는 방대한 저서들을 남겼으며, 지난 20세기 프랑스를 대표하는 가장 걸출한 사상가 중 한 사람으로 손꼽힌다. 또한 후기구조주의를 대표하는 핵심 사상가이자 기호학의 발전에 중추적인 역할을 한 학자이기도 하다.
그는 프랑스 사회당의 당수였던 프랑수아 미테랑과 점심 식사를 마치고 돌아오던 중 교통사고로 사망했으나, 불운을 가져오는 정치인이라는 비난을 두려워했던 미테랑의 측근들에 의해 그 사실이 은폐되었다. 급사 소식을 접한 바르트의 친구 츠베탕 토도로프가 남긴 "그는 아이처럼 길을 건너다 죽었다"라는 말은 아주 유명하다.

◦ 고대인들은 천재성이 인내의 산물이라 생각했다.
그러나 오늘날에는 보통 25년은 걸려야 할 수 있는 일을
단 8년 만에 끝내는 경우와 같이 시간을 절약하는 것을
천재성의 증거로 본다. 이렇듯 오늘날 천재성은
단순히 양적인 시간의 문제로 변질되어
타인보다 조금 더 빨리 나아가는 것을 일컫게 되었다.

◦ 피곤함에 지친 사랑하는 사람의 목소리보다
더 가슴을 찢는 것은 없다.
여위고 희박해진 연인의 핏기 없는 목소리는
세상 끝에 다다른 사람처럼 금방이라도
아주 먼 곳의 차가운 물속으로
가라앉을 것처럼 느껴진다.
그 같은 목소리를 듣고 있자면
죽음에 임박한 사람의 피곤함에 지친 숨소리처럼
이제 곧 사라져버릴 것만 같다.
피곤은 결코 끝나지 않는 무한 그 자체다.

◦ 처음 사랑을 고백하고 나면 이제 "사랑해"라는 말은 모든 의미를 상실하게 된다. (어쩌면 애초부터 이 말에 담겨 있지 않았을지도 모를) 과거의 메시지가 닳고 닳아 결국 공허해질 때까지 마법에 홀린 듯 같은 방식으로 되뇔 뿐이다.

○ 언어에는 아주 오래전부터 사랑과 전쟁이
동일하다고 설정되어 있다.
인간은 이 두 가지 상황에서
모두 정복하고, 강탈하고, 포획한다.

○ **내가 어떤 단어에 아름다움을 느끼거나
일순간 맘에 들어 사용할 때는
절대 음성적 매력이나 의미적 독창성 혹은
이 두 가지의 시적 조합 때문이 아니다.
정말 나를 흥분시키는 것은
곧 그 단어로 무엇인가 하겠다는 생각 자체다.
이는 미래를 만드는 전율이며
어떤 면에서는 식욕과 비슷하다.**

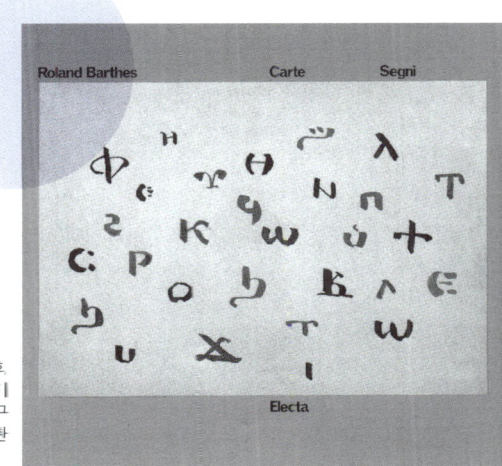

롤랑 바르트는 문학 및 사회의 여러 현상에 숨어 있는 기호(의미) 작용을 분석하는 구조주의 기호학의 개척자 중 한 사람이다.

# Jean Baudrillard

## 장 보드리야르

프랑스 랭스 1929~프랑스 파리 2007

『유혹에 대하여(Seduction)』, 1979
『치명적인 전략(Fatal Strategies)』, 1983
『악의 투명성(The Transparency of Evil)』, 1990
『걸프전은 일어나지 않았다(The Gulf War Did Not Take Place)』, 1991
『암호(Passwords)』, 2002

어떤 일이 의미를 지니려면 무대가 필요하고, 무대가
존재하려면 환상이 필요하다. 환상은 우리가 도전에서
나아가 실재에 도달하도록 이끌고 유혹하며, 때로는
우리의 의도와 다른 상상력으로 발휘된다. 따라서
심미적이고 신화적인 유희의 차원이 없다면 정치를
위한 무대는 존재하지도 못할 것이다. 그러나 오늘날
우리는 이 최소한의 환상마저 잃어버렸다. 테러리즘이나
냉혹한 전쟁이 초래한 비극에서 우리는 그 어떤 핍진성도
찾아내지 못한다. 미디어를 통해 드러나는 모든 것은
마치 저만치 떨어져 구경하는 관객을 빨아들이는 섹스
장면처럼 우리로 하여금 한없이 몰두하게 한다.
이렇게 우리는 아무런 생각 없이 그저 보이는 것을 보고
그 행간의 여백에 미혹된다. 미디어 앞에서 우리는
관객도 배우도 아니며 그저 환상을 상실한
구경꾼일 따름이다.

―『치명적인 전략』

## 현대사회의 비물질화 과정을 고발하다

현대사회를 분석한 저서들을 통해 진가를 인정받은 장 보드리야르는 구조주의의 영향이 뚜렷했던 초기 저작에서부터 한결같이 현대사회에서 일어나는 현실의 비물질화 과정을 고발했다. 그는 인간의 시선이 텔레비전의 화면만을 향하면서 소통은 목적 자체이자 절대적 가치로 탈바꿈했다고 보았다. 또한 도사가 실재를 대체한 현대사회에서 실재하는 것은 아무것도 없으며, 사람들은 환상에 연관된 나머지 이 사실조차 인식하지 못한다고 말했다.

- 우리 모두는 배우이자 관객이다. 더 이상 정해진 무대는 없으며 모든 곳이 무대가 될 수 있다. 또한 정해진 규칙도 없기 때문에 우리는 각자 자신의 연극을 연출하고, 자신의 환상을 반영해서 즉흥적으로 연기한다.

  - 이제 우리는 소외된 연극이 아니라 소통의 황홀경에 빠져 있다.

- 정치의 구조는 역전되었다.
  권력은 더 이상 대중을 자신의 편으로
  끌어들이지 못하고, 거꾸로 대중이
  권력을 자신들의 추락에 동참시킨다.

- **여론조사와 통계에는 익명의 백색 외설이 난무한다.
  심지어 대중은 아무런 비밀도 없을 때조차
  자신의 비밀을 털어놓도록 강요받는다.**

보드리야르는 '포스트모더니티'의 지지자로 간주되며, '시뮬라시옹의 문화'와 '하이퍼리얼리티'라고 불리는 현상을 분석했다.

● 과거에는 "각자의 장점에 따라"라고 말하곤 했으나,
시간이 흐르자 "각자의 필요에 따라"가 되었고,
더 나중에는 "각자의 욕망에 따라"로 변했다가,
오늘날에는 "각자의 결점에 따라"가 주로 쓰이게 되었다.


● 베일에 가려져 아직 금지된 상태를 즐기던
성의 모든 것은 자신의 보금자리에서 쫓겨나
말과 증거를 통해 가시화할 것이다.
이처럼 실재적인 것이 커지고 늘어나면 언젠가
우주 전체가 실재적인 것으로 가득차게 될 것이다.
종국에 실재적인 것이 보편화되면 그때는
베일 뒤에 숨어서 유혹하던 모든 것이
외설로 변질되어 죽음을 맞게 될 것이다.


● "서로 사랑하라"라는 말이 있다.
하지만 "서로 유혹하라"라는
말을 한 사람은 정녕 없었단 말인가?


● 유혹이 이교도라면 사랑은 기독교다.

# Simone de Beauvoir

## 시몬 드 보부아르

프랑스 파리 1908~1986

『제2의 성(The Second Sex)』, 1949
『노년(The Coming of Age)』, 1970
『작별 의식(Adieux: A Farewell to Sartre)』, 1981

신이 무한하고 충만한 존재라면 그의 기투(企投)와 현존재
사이에는 아무런 차이가 없을 것이다. 신의 의지는 부동의
기반이 되어 그 자신의 존재를 받친다. 신이 원하는
것이라면 무엇이든 원하는 만큼 이루어진다. 이러한 신은
보편자이고, 영원불변하는 모든 것이다. 하지만 보편적인
것은 침묵을 의미한다. 신이라는 존재의 완벽함은
인간에게 일체의 여지를 남기지 않는다. 신이 이미 모든
것을 주었다면 인간은 무엇도 초월할 수 없기 때문이다.
이 같은 경우 인간은 존재로서의 현실과는 무관한
그저 하나의 사건에 지나지 않게 된다. 사막을 헤매는
탐험가처럼 이 땅에 서 있는 인간은 원하는 어디든 갈 수
있지만 결과적으로 그 어떤 곳에도 도달하지 못할 것이다.
모래가 그의 발자국을 덮어버릴 테니 말이다.

―『피뤼스와 시네아스(Pyrrhus and Cineas)』

### "여성은 태어나는 것이 아니라 만들어지는 것이다"

몰락해가는 상류 부르주아 가정에서 장녀로 태어난 보부아르는 엄격한 가톨릭 교육을 받았지만, 어릴 때부터 자신의 출생 환경과는 거리를 두려고 스스로 노력했다. 소르본 대학에서 철학을 공부했으며, 그곳에서 평생의 연인인 사르트르를 만났다. 또한 당대의 지식인 친구들을 사귀고 그들과 평생 긴밀한 관계를 유지했다. 제2차 세계대전이 발발하자 보부아르는 철학 교수직을 그만두었고, 나치 점령기 동안 프랑스의 레지스탕스 활동에 적극적으로 참여했다.
그녀는 자신의 소설과 에세이에서 자유와 행동, 책임 같은 실존주의적 논점들을 뛰어난 필치로 명확히 제시했다.

● 실제로 나는 여성 작가다.
단, 여성 작가란 단순히 글을 쓰는 주부가 아니라
자신의 존재 전체로 글쓰기를 지향하는 사람이다.

● 여성은 태어나는 것이 아니라
만들어지는 것이다.

● **여성의 열등함은 시작부터 반복되는 삶을
살아가도록 제한적인 교육을 받는 데서
비롯된다. 반면 남성은 스스로 살아가는
이유를 찾도록 교육받는다.**

● 자연사란 없다. 인간에게 닥치는 그 어떤 일도
절대 자연스럽지 않다.
이는 인간이 존재한다는 사실 자체가
세상에 문제를 제기하는 것이기 때문이다.
따라서 죽음은 돌발 사건이다.
인간이 죽음을 인식하고 받아들인다 할지라도
죽음은 부당한 폭력이다.

파리에 있는 보부아르-사르트르의 무덤에 있는 묘비

- 피부에 나타난 주름은 영혼에서
유래한 것으로 말로는 표현할 수 없는
그 무엇이다.

- 여성의 문제는 언제나 인간의 문제였다.

- 아름다움은 행복보다 한층 더 설명하기 어렵다.

- 현대 여성이 위대한 일을 해내려면
기본적으로 자기 자신을 잊어버려야 한다.
그리고 이를 위해서는 먼저 진정한
자기 자신을 찾고 이를 확신해야 한다.

# Walter Benjamin

## 발터 벤야민

독일 베를린 1892~스페인 포르부 1940

『아케이드 프로젝트(Arcades Project)』, 1927~1940
『일방통행로(One-Way Street)』, 1928
『기술복제시대의 예술작품(The Work of Art in the Age of Mechanical Reproduction)』, 1935~1939
『역사의 개념에 대하여(Theses on the Philosophy of History)』, 1940

클레의 작품 중에는 「새로운 천사」라는 제목의 그림이 있다. 이 그림은 자신을 얼어붙게 만드는 무언가를 피해 금방이라도 도망칠 듯 보이는 천사를 묘사하고 있는데 휘둥그레진 두 눈과 입, 날개를 활짝 펼친 모습은 이 같은 천사의 감정을 잘 표현한다. 아마도 역사의 천사는 이런 모습을 하고 있으리라. 천사는 고개를 돌려 과거를 바라보지만, 끝없는 자료가 펼쳐진 그곳에서는 폐허 위에 또 다른 폐허가 산처럼 쌓여 갈 뿐이다. 천사는 그 자리에 멈춰 서서 죽은 자들을 불러내어 산산이 조각난 파편들을 맞추고 싶어 하지만, 천국에서 불어온 폭풍은 거역할 수 없는 힘으로 뒤돌아선 천사의 등을 세차게 미래로 밀어낸다. 결국 천사의 눈앞에서 폐허 더미들이 쌓이고 쌓여 하늘에까지 가닿는다. 이 폭풍이 바로 세상에서 말하는 진보다.

— 『역사의 개념에 대하여』

## 폭넓은 사유세계를 자랑하는 혁명적 지식인

단상적인 구조와 시적인 특성을 지닌 저서들을 집필한 발터 벤야민은 20세기 가장 독창적인 사상가 중 한 명으로 손꼽힌다. 그의 철학은 하나의 일관된 사상체계라기보다는, 전체적인 분위기를 형성하며 논거를 내세우기보다는 '자성(自醒)'과 '계시'를 매개로 표현된다. 프랑크푸르트학파와 협력했지만 복잡한 관계여서 그들이 미국 망명길에 오를 때도 합류하지 않았다. 1940년에 나치가 프랑스를 점령하자 스페인으로 망명했으나 포르부에서 나치 경찰에게 붙잡혔고, 게슈타포의 손에 넘어가기 전에 자살을 선택했다. 그의 저작은 대부분 사후에 출판됐다.

## 행복해진다는 것은 진정한 자기 자신을 발견하고 두려움 없이 이를 받아들인다는 의미다.

이별을 고하는 사람을 사랑하는 것은
얼마나 쉬운 일인가!
멀어지는 사람을 향한 사랑의 불꽃은
더욱 순수하게 타오르게 마련이다.
멀어져 가는 사람은 남겨진 사람의 가슴속에
잉크처럼 스며들어 부드러운 열정으로 물들게 한다.

과거를 역사적으로 꿰맞추는 일은 지난 사건들을
실제 일어났던 대로 인식한다는 의미가 아니다.
오히려 위험이 닥친 순간에 그 위험에 맞춰
기억이 빛을 발하는 대로 재구성한다는 의미다.

선물은 받은 사람이 깜짝 놀랄 만큼
극단적인 영향을 미쳐야 한다.

1921년에 발터 벤야민이 구입한 파울 클레의 수채화 「새로운 천사」. 예루살렘의 이스라엘 박물관에 소장되어 있다.

● 일찍 잠에서 깨어 옷을 챙겨 입고 일출을
직접 눈으로 본 사람은 그렇지 않은 사람과 달리
왕관을 쓴 지배자처럼 온종일 우월함을 느낄 것이다.
또한 일에 빠져 있다 정오의 햇빛에 놀란 사람은
스스로 왕관을 쓴 것 같은 느낌을 받을 것이다.





● 야만의 기록이 포함되지 않은 문화는 있을 수 없다.

● 세상 사람들 모두 사랑에 빠지거나
적어도 누군가를 애틋하게 그리워해본 적이 있을 것이다.
이런 마음이 들 때면 마치 모든 사랑에 관한 책이
자신의 초상을 그린 듯 생각되는 그런 경험을 했을 것이다.




● 한 사람이 살아온 과거는 기껏해야 운반 도중
사지가 전부 잘려 나간 토르소에 불과하지만,
남은 인생은 자신의 미래상을 조각할
값진 몸체에 비유할 수 있다.

# Jeremy Bentham
### 제러미 벤담
영국 하운드디치 1748~영국 런던 1832

『도덕과 입법의 원리 서설(An Introduction to the Principles of Morals and Legislation)』, 1780
『법률론 일반(Of Laws in General)』, 1782
『처벌의 합리적 근거(The Rationale of Punishment)』, 1830

헌법의 지배적인 목적 또는 주된 목표는 시종일관 최대
다수의 최대 행복이다. 이때 최대 다수란 정치 공동체
혹은 국가에 속한 개인들의 최대 다수를 의미한다.
공동체 최대 다수의 최대 행복은 가능한 한 예외 없이
모든 사람에 대한 최대 행복을 추구한다.
그러나 사안의 특성상 모두에 대한 최대의 행복 추구가
불가능하여 다수의 행복을 위해 소수의 행복 일부를
희생하는 것이 절대적으로 필요한 경우, 가능한 한
최대 다수의 행복을 추구한다.

— 『헌법전(Constitutonal Code)』

## 인생의 목적은 '최대 다수 최대 행복' 실현에 있다

공리주의의 아버지로 알려져 있다. 세 살 때부터 역사책을 읽고 바이올린을 연주했으며, 다섯 살 때 라틴어를 공부할 만큼 똑똑하여 어릴 때부터 신동이라 불렸다. 열두 살 때 옥스퍼드 대학에 입학했고, 열아홉 살 때 변호사 자격을 취득했다. 그러나 변호사에 뜻이 없었던 그는 연구 활동에 전념하기 시작했고, 어느덧 그의 집은 문화 교류와 공리주의의 장이 되어 있었다. 제임스 밀과 그의 아들 존 스튜어트 밀 등이 당시 그를 따르던 추종자였다.
자신의 유언에 따라 그의 시신은 정장 차림에 밀랍으로 만든 머리를 올려 유리관에 넣은 뒤 런던 대학교의 유니버시티 칼리지에 진열되었다

○ 자연은 인류를 '고통'과 '쾌락'이라는
두 군주의 지배 아래 두었다.
우리가 해야 할 일을 지시하고,
앞으로 어떤 일을 할지 결정하는 것은
오로지 이 두 군주의 손에 달려 있다.
그들은 우리가 하는 모든 일을 지배한다.

○ 최대 다수의 최대 행복이 도덕과 법의 기초다.

○ **하늘을 향해 손을 뻗는 사람은
지나치게 자주 자기 발밑의
꽃을 잊어버린다.**

○ 폭정과 무정부주의는
결코 멀리 있지 않다.

○ 권리는 법의 산물로 오직 법에서 비롯된다.
법이 전제되지 않은 권리는 있을 수 없고,
법에 반하는 권리도 없으며,
법에 선행하는 권리 역시 없다.

제러미 벤담의 공리주의 원칙에 따라 건축된
것이 일종의 원형감옥인 파놉티콘이다.

○ 행복추구권이 '양도할 수 없는' 권리라면,
도둑질로 행복을 추구한 도둑과
범죄를 저질러 행복을 찾은 살인자,
반란에서 행복을 구한 반역자는
왜 처벌받아야 하는가?

○ 기혼자들에게 공통적인 특성이 있다면
겉으로는 결혼을 긍정하는 데 매우 열심이라는 점이다.
그러나 불안정한 결혼 생활을 지켜보는
입법자의 불안이 매우 크다는 점에서
결혼으로 얻을 수 있는 행복에 의구심이 든다.
역시 의무가 되어버린 즐거움은 두려운 일이다.

○ **몽테스키외는 여자는 결혼에 많은 것을 건다고 말했다.
어떻게 그러지 않을 수 있겠는가?
여성은 오직 결혼을 통해서만 사랑의 즐거움을 비롯해
풍부한 감정을 느끼고 이중의 속박에서 벗어나
자신만의 작은 왕국을 만들 수 있지 않은가.**

# Henri Bergson

## 앙리 베르그송
프랑스 파리 1859~1941

『의식에 직접 주어진 것들에 관한 시론(An Essay on the Immediate Data of Consciousness)』, 1889
『물질과 기억(Matter and Memory)』, 1896
『웃음(Laughter)』, 1900
『정신적 에너지(Mind-energy)』, 1919

인간에게 속한 고유한 특성들을 제외하면 그 어디에도
희극적인 것은 없다. 경치는 아름답거나 숭고할 수 있고
반대로 대수롭지 않거나 추할 수 있지만, 결코
익살스럽지는 않다. 우리가 동물을 보며 웃는다면
그것은 동물에게서 인간과 닮은 태도나 표정을 보고 놀랐기
때문일 것이다. 또한 우리가 모자를 보며 웃는다면 모자의
재료인 펠트나 짚 때문이 아니라 인간이 만들어 낸 모자의
모양 때문일 것이다. 많은 사람이 인간은 웃을 줄 아는
동물이라고 정의했지만 내가 보기에 인간은 웃길 줄 아는
동물이기도 하다. 요컨대 어떤 다른 동물이나 무생물이
웃음을 자아내는 것은 인간과 유사성이 있기 때문이라는
말이다. 혹은 인간이 남긴 흔적이 있거나 사용하는 방식
때문일 수도 있다.

—『웃음』

## 프랑스의 비합리주의를 대표하다

1927년에 노벨문학상을 받았다. 나치즘 전성기 때 병 때문에 유대인 명부 등록에서 빠지게 되었지만 자청하여 출두하기도 했다.

그는 기계론과 실증주의를 비판했으며, 자연과학과는 다른 경로로 철학을 추구하고 '정신세계'를 구성하는 가치를 찾아야 한다고 역설했다. 또한 인간이 지닌 특수성의 근본이라 할 수 있는 의식의 목소리를 들어야 한다고 주장했다.

● 예술은 언제나 개인적인 것을 지향한다.
화가는 특정 시간에 어딘가에서 보았던 광경을
다시는 보지 못할 빛깔들을 사용해 화폭에 고정시킨다.
시인은 원래 자신의 소유였던 영혼,
온전히 자신만이 차지했기에 결코 반복되지 않을
그 영혼의 순간을 시로 읊는다.
극작가는 어떤 영혼의 전개,
한 번 보이고 나면 다시는 재생할 수 없는
영혼의 감정과 사건의 구성을 보여준다.

● 희극성에는 심미적인 측면이 있다.
사회와 인간이 대화에서 주의를 돌려
자기 자신을 예술작품처럼 다루기 시작할 때
비로소 희극성이 드러나기 때문이다.

● 허영심만큼 피상적이고 심오한 결점은 없다.
허영심 때문에 입은 상처는 심각하지는 않지만
결코 치유되지 않는다.

● 생각하는 사람처럼 행동하고,
행동하는 사람처럼 생각해야 한다.

● 행동이 필요한 순간 명상은 사치다.

베르그송은 어려서부터 모든 과목에서 뛰어나 각종 상을 휩쓸다시피 했다. 특히 고교 수학 경시대회에서 1등을 한 그의 문제 풀이는 이듬해에 수학 잡지에 실리기도 했다.

●
빠지는 행위 자체는 같더라도 딴 곳에 정신이 팔려
멍청하게 우물에 빠지는 것과 하늘의 별을 응시하다
우물에 빠지는 것은 그야말로 하늘과 땅 차이다.
몽상가의 정신에 결합된 소설적 요소라니.
희극의 힘이란 얼마나 심오한가!

●
만약 대지가 살아 있는 존재라면,
휴식을 취하는 중에도 자신의 내면 깊이 간직한
무언가가 돌연 재등장하여
갑작스럽게 폭발하기를 꿈꿀 것이다.
연극은 이런 종류의 즐거움을 우리에게 선사한다.
다행스럽게도 사회와 이성에 의해 규정되는
부르주아지의 평온한 삶 이면에서
갑작스레 폭발하지는 않지만,
그 내적 긴장으로 말미암아 우리를 들뜨게 만드는
무엇인가를 불러일으킨다.

# George Berkeley

## 조지 버클리

아일랜드 다이저트 1685~영국 옥스퍼드 1753

『인간 지식의 원리론(A Treatise Concerning the Principles of Human Knowledge)』, 1710
『하일라스와 필로누스가 나눈 대화 세 마당(Three dialogues between Hylas and Philonous)』, 1713
『분석자(The Analyst)』, 1734

나는 내가 지각한 특정 대상의 관념을 상상하거나 표상할
수 있는 능력, 그 관념을 여러 가지 방식으로 구성하고
구분하는 능력을 지니고 있다. 머리가 두 개 달린 인간을
떠올리거나 말의 몸에 인간의 상체가 달린 모습을 상상할
수 있다. 몸에서 떨어져 나온 손과 코, 눈도 생각할 수도
있다. 그러나 이 같은 경우에도 반드시 일정한 형태나
특정한 색깔을 지녀야 한다. 마찬가지로 내가 형성한
인간의 관념은 반드시 백인, 흑인 또는 황인이어야 하고,
몸을 곧추세웠거나 구부정한 모습이어야 하며, 장신,
단신 또는 중간 키여야 한다. 이처럼 나는 아무리 생각을
쥐어짜도 추상적인 방식으로는 관념을 인식할 수 없다.

—『인간 지식의 원리론』

## "존재하는 것은 지각된 것이다"

아일랜드 출신의 철학자이며, 클로인의 주교르 임명되어 '버클리 주교'로도 알려져 있다. 그의 주요 업적은 '주관적 관념론'으로 알려진 철학을 발전시킨 것으로, 이 철학의 본질은 "존재하는 것은 지각된 것이다"라는 그의 유명한 명제에 잘 요약되어 있다. 지식에 관한 버클리의 관념론적 원리에 따르면, 인간은 오로지 대상에 대한 인상과 관념만을 직접 지각할 수 있고 추상적 관념은 지각할 수 없다.

버클리의 주요 목표는 당시 지배적인 이론이었던 유물론에 대항하는 것이었다. 많은 사람이 터무니없다고 조롱했지만, 그를 천재라 생각한 사람들도 있었다. 1752년에 클로인의 주교직을 그만둔 버클리는 아들과 함께 옥스퍼드로 건너가 말년을 보냈다.

◦ 집, 산, 강처럼 단어로 표현하고 지각할 수 있는 모든 대상은 우리가 인지하는 것과는 다른 자연적인 존재 혹은 실체를 갖고 있다는 의견이 사람들 사이에 팽배하다. 그러나 이는 참으로 이상한 의견이 아닐 수 없다. 과연 지금 언급한 대상들이 우리가 감각을 통해 지각한 것들이 아니라면 대체 무엇이란 말인가? 자신의 관념과 인상을 제외한다면 도대체 우리가 무엇을 지각했다는 말인가?

◦ **어떤 손은 물이 따뜻하다고 느끼고 또 어떤 손은 같은 물을 차갑다고 느낄 것이므로 물에는 차가움도 뜨거움도 존재하지 않는다. 이것이 옳은 주장이라 생각하지 않는가?**

◦ 외부 대상의 존재를 인식하려 할 때 우리는 그저 우리 자신의 관념을 주시할 뿐이다.

◦ 존재하는 것은 지각된 것이다.

미국의 명문 대학인 UC 버클리는 조지 버클리의 영예를 기리고자 그의 이름을 따서 학교 이름을 지었다.

**인간이 무한을 생각하며
부조리와 모순에 쉽게 빠져드는 것은
인간의 정신이 유한하다는 점을
고려하면 전혀 이상할 것이 없다.**

나는 지금까지 철학자들의 주의를 흐트러뜨리고
지식으로 향하는 길을 가로막은 어려움이
오롯이 그들 자신에게서 비롯된 것이라 생각한다.
그들은 스스로 희뿌연 흙먼지를 일으켜놓고서
이제 아무것도 보이지 않는다고 불평하기 때문이다.

우리는 헛되이 하늘을 바라보고 깊이 숨겨져 있다는
대지의 비밀을 추적한다. 또한 아무런 보람도 없이
박식한 선인들의 글에서 조언을 구하고,
고대의 어두운 발자취를 추적한다.
하지만 단어들의 베일을 벗기는 것만으로 충분히
지식이라는 가장 아름다운 나무를 관조할 수 있다.
이러한 작업은 훌륭한 성과를 거둘 수 있을뿐더러
무엇보다 우리의 손이 닿는 범위 안의 일이다.

# Albert Camus

### 알베르 카뮈

알제리 몽드비 1913~프랑스 빌르블레방 1960

『시지프 신화(The Myth of Sisyphus)』, 1942
『독일인 친구에게 보내는 편지(Letters to a German Friend)』, 1945
『반항하는 인간(The Rebel)』, 1951
『여름(Summer)』, 1954

우리는 아름다움을 추방했지만, 반대로 그리스인들은
아름다움을 위해 무기를 들었다. 이러한 사고법은
한계라는 관념에서 확인할 수 있다. 그리스인들은
성스러운 것도 이성도 부정하지 않았기에 어느 쪽도
남용하는 법이 없었다. 따라서 그리스식 사고법은
빛과 어둠의 균형을 맞추듯 모든 것을 용인했다.
이와는 달리 전체를 정복하러 나선 우리의 유럽은
과도함의 자식이다. 유럽은 자신을 고양시키지 않는
모든 것을 부정하기 때문에 자신의 방식을 따르지 않는
아름다움이라면 가차 없이 부정한다. 유럽에서는 오로지
단 한 가지 사실만이 인정받고 고양된다.
그것은 바로 장차 펼쳐질 이성의 제국이다.

—「여름」

## 우리 시대 인간의 정의를 밝히다

알제리 몽드비에서 프랑스계 이주민 가정의 둘째 아들로 태어났다. 제1차 세계대전 중 마른의 첫 번째 전투에서 아버지가 전사하자 가족은 알제리의 수도 알제로 이주했고, 카뮈는 그곳에서 공부하며 작가의 길을 걸었다.

1940년에 파리로 건너간 뒤 잡지사에서 일했고 레지스탕스에 가담해 나치에 저항했다. 사르트르와 우정을 쌓기도 했지만 1952년에 결별한 후, 실존주의와 마르크스주의, 기독교에 맞서 인간의 조건에 대한 고유의 성찰을 담은 작품을 썼다. 또한 1957년에 노벨문학상을 받았으며 이후 교통사고로 사망했다. 사망 당시 소지품 중에는 미출간 상태였던 『최초의 인간』 원고가 있었다고 한다.

○ **진정으로 진지한 철학적 문제는 단 하나뿐인데,
그것은 바로 자살이다. 인생이 살 만한 가치가 있는지
그렇지 않은지 판단하는 것이야말로
철학의 근본적인 질문에 답하는 것이기 때문이다.**

○ 내가 성장해온 환경인 자유로운 삶을,
존재의 빛과 행복을 나는 결코 포기할 수 없었다.
비록 이 향수가 나의 많은 잘못과 과오를 드러낸다 할지라도
내 천직을 한층 잘 이해하도록 해준 것은 분명하다.
그것은 또한 내가 짧은 자유에서 느낀 행복을
피난처로 삼는 사람들, 그 행복에 대한 기억만으로
이 세상에서의 삶을 지탱하는 모든 침묵하는 사람들과
맹목적으로 함께할 수 있도록 지켜주었다.

○ 사랑받지 못하는 것은 그저 운이 없는 일이지만,
사랑하지 못하는 것은 진정 불행한 일이다.

○ 명확한 글을 쓰는 사람에게는 독자가 모이지만,
모호한 글을 쓰는 사람에게는 비평가가 몰려들 뿐이다.

인간의 부조리에 대해 고민한 카뮈의
작품에는 기독교와 실존주의를 뛰어넘
은 인간에 대한 깊은 성찰이 드러난다.
그는 노벨문학상을 받기도 했다.

카뮈는 열렬한 축구광이었다. 그는 "인간의 도덕과 의무에 대해 내가 알고 있는 모든 것은 축구에서 배웠다"라는 말을 남기기도 했다.

○ 산다는 것 자체가 절대 쉬운 일이 아니다.
그럼에도 사람이 계속 살아가는 데는
많은 이유가 있다.
그 첫 번째 이유가 바로 습관이다.
따라서 자진해서 죽음을 선택하는 것은
이 같은 습관의 조소적인 면을,
삶을 지속할 진정한 이유가 없음을,
일상적인 동요의 터무니없음을, 그리고
고통의 무용함을 본능적으로나마
인정했다는 의미다.

○ 민주주의자는 언제든 결정적으로
상대가 옳을 수 있음을 인정하기 때문에
상대가 의견을 피력하도록 허락하고
그가 내세운 주장을 숙고한다.

○ 때때로 이 슬프고 잔혹한 세상에서
벗어나고 싶어질 때,
그 유혹은 얼마나 강렬한가!

○ 인간에게는 멸시 보다는 감탄을 자아낼 만한 점이 더 많다.

# Emil Cioran

**에밀 시오랑**

루마니아 라시나리 1911~프랑스 파리 1995

『해체의 개설(A Short History of Decay)』, 1949
『존재의 유혹(The Temptation to Exist)』, 1956
『사악한 조물주(The Evil Demiurge)』, 1969

세상에는 아주 분명한 사실이 몇 가지 있는데 그중 하나는
바로 내가 사회를 좋아하지 않는다는 것이다. 그럼에도
사회에 속해서 살아가는 것은 달리 어쩔 도리가 없기
때문이기도 하지만, 사회에 넌덜머리가 나서 항상 사회에
비판적인 내가 존속하려면 사회가 필요하기 때문이다.
우리는 가던 길을 멈추고, 뒤에 남긴 흔적을 되돌아보며
심사숙고해야 한다. 진정 올바른 길을 가고 있는 것인지,
반대로 이제는 그 흔적조차 찾을 수 없는 훈족의 아틸라처럼
지나는 곳마다 모든 것을 파괴하고 있는 것은 아닌지
고찰해볼 필요가 있다. 이러한 태도를 남들은
비관주의라 부르고 나는 명석함이라 부른다.
이는 나 스스로 짊어지겠다고 한 적이 없는 무거운
짐일뿐더러 실천하기도 몹시 어렵다. 모조리 쓸어버리고
싶은 마음 이외에 다른 어떤 마음도 들지 않는 무엇인가를
위해 매일 아침 꼬박꼬박 일어나 일터로 향하고 주변의
사람들과 협력하는 것은 매우 커다란 인내심을 요한다.
그런 점에서 나는 가히 메달이라도 받아야 할 것 같다.

—『독설의 팡세(Syllogism of the Bitterness)』

## 현대 문명의 퇴폐를 고발하다

그리스 정교 사제의 아들로 태어나 부쿠레슈티 대학에 다니며 외젠 이오네스코, 미르치아 엘리아데와 교류했다. 그는 젊은 시절 한때 파시스트 조직에 참여하기도 했으나 훗날 자신의 행동을 후회했다.

1937년에 학업을 위해 건너간 파리에서 생의 대부분을 보냈다. 그래서인지 그의 초기작들은 루마니아어로 출판되었으나, 얼마 지나지 않아 불어로만 쓰여졌다. 때로는 냉담하고 때로는 비창하기까지 한 시오랑의 문체에서는 강한 비관주의가 묻어난다. 그는 종종 소외, 부조리, 퇴폐, 무용함 등의 주제를 다루는 짧은 산문과 잠언을 사용하기도 했다.

○ 사람들은 깨어나고 싶지 않을 정도로 즐거운 바보의 꿈속에서 살고 있는 것일까? 그래서 현실에 대해 지나치게 많이 알고 있는 나와는 달리 삶을 즐길 수 있는 것일까? (설사 그렇다고 해도 그들을 나무랄 생각은 없다.) 아니면 내가 지나치게 많은 것을 보았다고 믿으면서 정작 아무것도 보지 못하는 멍청이인 것일까?

○ 정신의 미천함을 뜻하는 표현의 미천함은 언어의 빈곤과 결핍, 그리고 타락으로 드러난다. 사물과 대상을 결정짓는 속성들은 결국 썩은 언어의 고기처럼 우리 앞에 묻혀버린다.

○ **고대 그리스와 현대 유럽은 변신에 대한 탐욕과 수많은 신, 그리고 그들의 모조품을 과도하게 소비함으로써 조숙한 죽음을 맞은 상처투성이의 문명이라는 공통점이 있다.**

○ 과학이 발전하기 이전에 태어나 처음 얻은 병으로 죽는 특권을 누렸던 자들은 얼마나 축복받은 사람들인가!

○ 철학자는 교수를 위해 글을 쓰고, 사상가는 작가를 위해 글을 쓴다.

에밀 시오랑은 '절망의 철학자', '폐허의 철학자'로 불리기도 한다.

외젠 기오네스코, 미르치아 엘리아데와 함께 있는 에밀 시오랑의 모습(1997).

○ 쇠퇴기의 역할은 문명을 발가벗겨 가면을 걷어내고, 문명의 소산에서 유래한 권위와 오만을 박탈하는 데 있다.

○ 어떤 현실에 정착하기를 희구하거나 성취하지 못한 신념을 선택한 사람은 이 같은 일을 저절로 이룬 사람을 조롱하게 마련이다. 이렇듯 빈정거림은 실패의 부정적인 힘에 눌려 격분하고 독기를 품게 된 사람이 좌절과 불만에 차 만들어낸 순진한 욕구에서 비롯된다.

○ **존재는 표절이다.**

○ **인간은 역사를 만들지만 동시에 역사는 인간을 망가뜨린다. 인간은 역사의 저자이자 대상이고, 주체이자 희생물이다.**

○ '진실은 무엇인가?'라는 질문은 근본적인 질문이지만 '어떻게 삶을 견디낼 것인가?'라는 질문에 비하면 하찮아 보인다. 하지만 두 번째 질문도 '어떻게 나 자신을 참아낼 것인가?'라는 물음 앞에서는 가치를 잃는다. 세 번째 질문이야말로 그 누구도 답하지 못한 치명적인 질문이기 때문이다.

# Auguste Comte

## 오귀스트 콩트

프랑스 몽펠리에 1798~프랑스 파리 1857

『실증철학(Course of Positive Philosophy)』, 1830~1842
『실증정신론(A Discourse on the Positive Spirit)』, 1844
『실증정치의 체계(System of Positive Polity)』, 1848~1854

현대의 철학자들은 형이상학적 상태를 극복하지 못했을 뿐만 아니라 단 한 번도 사회적인 관점을 취하지 않았다. 인간은 고립된 상태가 아니라 집단적으로 발전한다는 점을 고려할 때, 사회적 관점이야말로 과학적 혹은 논리적 현실 전체를 포착할 수 있는 유일한 방법임에도 불구하고 말이다. 실증적 정신은 체계적으로 이 시대 심리학자 또는 이론가들이 지닌 유해한 추상이 전혀 쓸모없고 심지어 극히 해롭기까지 하다는 점을 내보임으로써 마침내 그 중요성을 입증했다. 요컨대 실증적 정신은 인간의 사회성을 연구하는 참된 철학적 기초를 제시했고, 인간의 사회성이 지성에 의해 좌우된다는 사실을 보여주었다.

—『실증정신론』

## 사회학과 실증주의를 창시하다

실증주의의 창시자이며 사회학의 창시자로 추앙받기도 한다. 그러나 정작 자신의 학문적 입장을 유지하는 데 실패한 콩트는 말년에 후원자와 친구들의 경제적 도움에 의지해 살아야 했다. 그는 거만하고 폭력적이며 조급한 성격을 가진 사람이었다고 전해진다.
1826년에 정신병원에 입원했지만 끝내 완치되지 못했다. 1842년에 이혼을 한 후 클로틸드 드 보라는 여인과 사랑에 빠졌으나 그녀는 얼마 지나지 않아 결핵으로 세상을 떠났다. 연인의 죽음은 콩트의 말년 저작에 큰 영향을 미쳤고, 그가 여성의 사회적 역할에 중요성을 부여하게 된 계기가 되었다.

○ 개인을 포함하여 인류라는 종 자체에서 우리의 모든 사변은
불가피하게 서로 다른 세 가지 이론적 단계를 거쳐야 한다.
그것은 바로 신학적 단계, 형이상학적 단계, 그리고 실증적 단계다.

○ 신학이든 형이상학이든 초기 철학 특유의
임의적이고 모호한 설명이 얼마나 공허한지
일단 깨닫고 나면, 인간의 정신은 곧바로
절대적 사유를 폐기하게 된다.
그럼으로써 유년기에서 벗어나는 것이다.
또한 이때부터는 빠르게 앞으로 나아가
진정한 관찰의 영역에서 자신의 노력을
다하게 된다. 이렇듯 관찰은 참된 지식을 얻게
해주는 유일한 방법이자 실질적인 필요에
합리적으로 적용할 수 있는 기초이다.

○ **진정한 실증적 상태는 경험주의와 신비주의 양쪽 모두와
거리를 두는 것이다. 이는 어느 쪽이든 극단으로 치달으면
치명적인 착오를 일으키기 때문이다. 실증적인 정신이
나아갈 방향은 언제나 이 두 가지 착오 사이에 있다.**

○ 지금부터 특정한 사실 혹은 일반적 사실에 대한 단순 진술로
엄격히 환원할 수 없는 명제는 그 어떤 실제적 의미나
납득할 만한 의미도 없다는 것을 기본 규칙으로 삼는다.

● 순수한 상상력이 과거의 정신적 패권을 상실하는 것은
이미 돌이킬 수 없는 일이듯이,
상상력이 관찰에 종속되는 것 또한 필연적인 일이다.

● **진정한 실증적 연구의 목표는
현재를 관찰하고 연구함으로써
미래를 예견하는 것이다.**

● 실증적 정신의 관점에서 볼 때
본래의 의미에서 말하는 인간은 존재하지 않으며,
오로지 인류가 존재할 뿐이다.

생시몽의 제자였던 콩트는 스승에게 강한 영향을 받으면서도 후에 스승과 결별하여 '실증주의'라는 독자적인 체계를 세웠다.

# Arthur Danto

**아서 단토**

미국 앤아버 1924~미국 뉴욕 2013

『일상적인 것의 변용(The Transfiguration of the Commonplace)』, 1981
『예술의 종말 이후(After the End of Art)』, 1997
『미래의 마돈나: 다원주의적 예술계에서 쓰는 에세이(The Madonna of the Future: Essays in a Pluralistic Art World)』, 2000

예술작품은 항상 식별되어야 한다는 암묵적인 믿음은 20세기까지 지속되었다. 그러나 현재에는 어떤 작품이 무엇으로 말미암아 예술이 되는지 설명하는 것이 철학적 문제로 논의되고 있다. 평범한 비누 상자인 브릴로 상자를 작품으로 탄생시킨 워홀이 등장하면서 예술작품에 특별한 방식이 없다는 점이 자명해졌다. 단, 워홀은 이처럼 심원한 발견을 해낸 수많은 예술가 중 한 명에 불과하다. 실제로 이 시기부터 음악과 소음, 춤과 움직임, 문학과 단순한 글쓰기 등 모든 예술 영역에서 예술과 예술이 아닌 것을 구분하는 차이가 무엇인지에 대한 의문이 제기되었다.

—『예술의 종말 이후』

### "우리는 무엇이든 예술이 될 수 있는 세상에 살고 있다"

**콜롬비아 대학의 철학과 명예교수이자 저명한 예술비평가이다.** 분석적인 관점에서 출발해 다양한 철학 분야에서 공헌을 했다. 특히 미학에 대한 연구로 유명한데, 도발적이고도 우아한 단토의 글은 예술가와 예술의 본성 자체를 향한 존경으로 가득 차 있다.
그는 오늘날 시각예술이 제기하는 문제를 검토할 것을 제안하며 이를 위해 과거의 거장들과 현대 및 가장 최근 예술가들의 작품을 분석했다.

○ 우리는 어떤 사물이든 예술작품이 될 수 있는 시대를 살고 있다.

○ **모든 것이 예술작품이 될 수 있는 세상에 산다는 것은 어떤 의미인가? 즉석 가족사진, 악질 현상수배범 전단, 알루미늄 찻주전자, 하늘을 나는 매, 그리고 손톱이 예술작품이 되는 세상이라면? 내가 보기에 대상이 예술작품인지 아닌지의 여부는 상관없다. 관건은 대상에 맞는 비평을 고안하는 것이다. 자칫 예술작품이 아니라면 헛짓이 되겠지만.**

○ 비평가들은 많은 시간과 희망을 쏟아붓고
깊은 생각과 노력을 기울인 작품들을 사납게 공격한다.
지극한 경의를 표해야 마땅할 작품들을 앞에 두고
오히려 공격을 일삼으며
지극한 쾌락을 맛보는 그들의 성마름에 통탄한다.

○ 예술의 개방적인 성격을 이유로
예술가는 타락해도 된다고
정당화할 수는 없다. 마찬가지로
'비평'의 어원이 공개적인 침해에
상응하는 비평을 허용한다는
의미는 아니다.

단토는 한 작품 안에 어떤 '의미'가 작가에 의해 '구현'된다면 그것이 곧 예술작품이라고 말한 바 있다.

단토의 저서 『예술의 종말 이후』.

- 예술의 종말이라는 개념은 오직 한 방향만 존재한다는
생각을 허용하지 않는 근본적인 다원주의를 표방한다.
예술이 나아가야 할 일관된 방향은 존재하지 않는다.
예술에서는 모든 것이 가능하다.
또한 다원주의에서는 개별 작품을 출현하는 대로
자유롭게 취하여 분석하고 비평할 수 있다.

- 현재에 펼쳐지는 예술의 다원주의적 세계가
앞으로 도래할 정치적 사건들의 전조가 되리라고
믿는 것은 얼마나 멋진 일인가!

# Gilles Deleuze

### 질 들뢰즈

프랑스 파리 1925~1995

『차이와 반복(Difference and Repetition)』, 1968
『의미의 논리(The Logic of Sense)』, 1969
『안티 오이디푸스(Anti-Oedipus)』, 1972
『천 개의 고원(A Thousand Plateaus)』, 1980

철학은 시대에 대한 분노와 불가분의 관계에 있지만,
정신에 위안을 주는 평온함 역시 제공한다.
그렇지만 철학은 종교, 국가, 자본주의, 과학, 법률,
견해 혹은 텔레비전과 달리 권력이 없다.
따라서 권력에 대항하여 전투를 벌일 수는 없지만
대신 전투 없는 전쟁, 바로 게릴라전을 이끈다.
권력은 외부에서 우리 각자의 내부로 끊임없이
침투해오기 때문에 모든 사람은 철학의 힘을 빌려
자기 자신과 게릴라전을 벌이는 셈이다.

— 『대담(A Conversation with Michel Foucault)』

### 미셸 푸코, 자크 라캉과 함께 인정받는 프랑스 대표 철학자

소르본 대학에서 철학을 공부한 후 철학자들에 대한 논문을 쓰기 시작했다. 이후 자신만의 독특한 사상을 담은 두 권의 저서 『차이와 반복』, 『의미의 논리』를 1970년대 후반에 출판하였다. 들뢰즈에 따르면 훈육사회는 통제사회처럼 서서히 정착해가는 새로운 세력에 밀려 위기를 겪고 있다. 과거 통치권을 행사했던 사회는 단순한 장치를 사용했고, 훈육사회는 역학장치를 사용하는 반면 통제사회는 정보장치를 기반으로 작용한다. 이것이 기술의 발전과 자본주의의 변이 과정이다. 미셸 푸코는 "언젠가 20세기는 들뢰즈의 시대로 기억될 것"이라고 말한 바 있다.

○ 정신분석학자는 우리에게 정신분열증 환자를 본 적이 있느냐고 묻지만, 우리는 그에게 정신착란으로 인한 환청을 들어본 적이 있느냐고 묻는다.

○ **절반은 자발적이고 나머지 절반은 강요된
비밀의 시대가 다가온다.
이 시대에는 정치적 욕망을 포함하여
모든 욕망이 회춘하듯 범람할 것이다.**

○ 개인은 가장 심각한
비인격화 과정을 끝낸 다음에야
비로소 진정한 자신의 이름을 얻게 된다.
이 과정은 자신의 전체를 관통하는 다양성과
이곳저곳을 파고드는 강렬함에
스스로를 개방할 때 실현된다.

○ 독서에는 책을 읽는 것 말고도 또 다른
방법이 있다. 바로 책을 비의미적인
기계로 간주하는 것이다. 이때 발생하는
유일한 문제는 책이 어떻게 작동하느냐,
즉 당신에게 어떤 감흥을 주느냐이다.
만약 책이 작동하지 않는다면, 달리 말해
당신에게 어떤 감흥도 주지 않는다면,
다른 책을 선택하면 그만이다.
즉 강렬한 무언가가 있을 때만
책을 읽는 것이다.

질 들뢰즈와 그의 지적 동반자인 펠릭스 가타리

말년에 심각한 폐기능 부전으로 고통받았던 들뢰즈는 자신의 아파트 창문에서 투신자살했다.

○ 작품을 이해하려면 이야기 전체를 고려해야 하고,
판단하기보다는 흐름을 따라가야 한다.
작품에 나타난 갈림길과 막다른 길,
그 안의 상승과 균열을 수용하고
전체로서 받아들이는 것이다.
이것이 아닌 다른 방식으로는
그 어떤 작품도 이해할 수 없다.

○ 강렬함을 중시하는 독서 방법은 외부와의 관계 속에서 흐름에 부딪히는 또 다른 흐름, 기계와 연결된 또 다른 기계를 만들어낸다. 개개인이 볼 때 책과는 전혀 무관한, 따로 떨어진 조각처럼 생각되는 실험과 사건들을 연관짓고, 그것이 무엇이든… 다른 것들과 함께 작동하도록 이끈다. 이것이 바로 강렬함에서 출발한 애정 어린 독서 방법이다.

○ 의사가 아니라면 왜 의학에 대해 말할 권리가 없단 것인가?
마약중독자가 아니라면 왜 마약에 대해 말할 자격조차
없단 말인가? 주제에 대해 사전 승인을 받지 않으면
그 어떠한 담론도 형성할 수 없단 것인가?

# Jacques Derrida
## 자크 데리다
알제리 엘비아르 1930~프랑스 파리 2004

『그라마톨로지에 대하여(Of Grammatology)』, 1967
『글쓰기와 차이(Writing and Difference)』, 1967
『철학의 여백(Margins of philosophy)』, 1972
『최근 철학에 도입된 종말론적 어조(Of an Apocalyptic Tone Recently Adopted in Philosophy)』, 1983

『그라마톨로지에 대하여』는 '단어'의 단일성과 이에 따른 모든 특권, 특히 단어가 명사의 형태를 띨 때 일반적으로 인정되는 모든 특권을 문제 삼는다. 따라서 오직 담론만이 더 정확히 말하면 에크리튀르만이 '사유'를 충족시키기 위해 단어의 무능함을 대리 보충할 수 있다.
따라서 '해체는 × 이다' 혹은 '해체는 × 가 아니다'라는 종류의 모든 문구에는 선험적으로 전적인 타당성이 결여되어 있으므로 거짓이라 단언할 수 있다.
해체라는 단어는 여타의 다른 단어와 마찬가지로 일련의 가능한 대체물들과 접목하여 얻게 되는 가치, '컨텍스트'라 명명된 것에서 도래하는 가치 그 이상을 지닐 수 없다.

— 이즈츠 교수, 「일본인 친구에게 보내는 편지(Letter to a Japanese Friend)」

## 현대 철학에 해체의 개념을 도입하다

스페인계의 유대인 집안 출신으로, 파리에서 철학을 공부했다. 알튀세르와 막역한 우정을 나눈 사이였으며, 성장기에 푸코와 메를로퐁티 같은 철학자들에게도 큰 영향을 받았다. 데리다는 해체주의로 알려진 사유 방법을 전개한 첫 번째 철학자다.

1965년에 파리고등사범학교의 철학과 교수가 된 데리다는 미국을 자주 방문했는데, 그곳에서 사상적으로 지대한 영향력을 발휘했다. 1983년에 국제철학학교를 설립했고, 여러 차례 노벨상 후보에 올랐다. 프라하의 봄에서 아파르트헤이트 종식 및 팔레스타인 문제에 이르기까지 주목할 만한 정치 운동가로서 활동했고, 모든 면에서 진보적인 이상을 옹호했다.

○ 플라톤에서 루소, 데카르트에서 후설에 이르기까지
모든 형이상학자는 다음과 같은 수순을 밟았다.
악을 선행하는 선, 부정을 선행하는 긍정, 불순한 것을
선행하는 순수한 것, 복잡한 것을 선행하는 단순한 것,
부차적인 것을 선행하는 근본적인 것, 모방을 선행하는
모방의 원형 등이 바로 그것이다. 이는 다수의
형이상학적 논증 가운데 '하나'에 불과한 것이 아니라,
근본적인 형이상학의 요구로서 가장 끈질기게
작용해온 심오하고도 강력한 절차다.

○ **해체는 이중의 활동, 이중의 침묵, 이중의 구조를 통해
고전적인 대립을 '역전'시키고,
체계의 총체적인 '미끄러짐'을 실행한다.
해체는 오로지 이 같은 조건에서만 자신이 비판하는
대립들의 영역에 '개입'할 수단을 제공할 수 있다.**

○ 제자의 의식은 불운한 의식이다. 제자의 의식을
지닌 사람이 세상과 대화하려 한다면 혹은 세상에
어떤 대답이라도 하려 한다면, 어린아이나 유아가
그렇듯이 잘못을 저지른 듯한 기분을 느끼게 된다.
어린아이나 유아는 개념상 말을 잘하지 못하는
존재이고 무엇보다 온당한 대답을 할 수 있는
존재가 아니기 때문이다.

○ **구성요소에서든 체계에서든 그 어떤 것도
오로지 존재하거나 오로지 부재하지 못한다.
언제나 차이와 흔적의 흔적만이 있을 뿐이다.**

데리다의 저작은 종종 탈구조주의로 이어졌고, 부분적으로 포스트모더니즘과 관련을 짓는 사람들도 있었다. 이처럼 그는 어떤 것도 동떨어지고 무관한 상태로 방치하지 않는 철학자였다.

서명이 제 기능을 다하려면, 즉 사람들이 서명을 알아볼 수 있으려면, 반복 가능하거나 재생 가능한 형태 혹은 모방할 수 있는 형태를 띠어야 한다. 이는 실행의 순간에 현재의 구체적인 의도를 추상화할 수 있어야 한다는 의미다. 이처럼 스스로 정체성과 특이성을 손상시키면서 자신의 표식을 분할하는 것을 동일성이라 한다.

모든 논문은 보철(補綴), 부족한 것을 보충하거나 짜깁기함이다.

각각의 텍스트는 다른 텍스트들과 교차하는 다양한 독서의 두뇌를 갖춘 장치다.

해체는 해체한 대상을 대신하여 그 자리에 다른 어떤 조직적인 것을 설립하도록 보증하는 방법론적 개혁이 아니다. 그렇다고 무책임한 파괴의 정점도, 무책임의 생산자도 아니다.

# Rene Descartes

### 르네 데카르트
프랑스 투렌 1596~스웨덴 스톡홀름 1650

『정신지도를 위한 법칙(Rules for the Direction of the Mind)』, 1628
『방법서설(Discourse on Method)』, 1637
『성찰(Meditations on First Philosophy)』, 1641
『정념론(The Passions of the Soul)』, 1649

깨어 있을 때 품었던 생각들이 잠들어 있을 때도 똑같이
나타날 수 있지만, 꿈에 나타나는 것은 기본적으로 참이
아니라고 생각한다. 나는 지금까지 내 정신에 들어온
모든 것이 내 꿈속의 환영보다 더 참된 것은 아니라고
가정하기로 했다. 그러나 이렇게 모든 것이 거짓이라
생각할 때조차 적어도 이런 생각을 하는 나는 사유의
확실한 근거가 될 수 있다는 사실을 깨닫게 되었다.
'나는 생각한다. 그러므로 존재한다'라는 진리는 너무도
확고하고 확실한 것이어서 회의론자들의 가당치 않은
억측도 나를 뒤흔들 수 없음을 알게 되었다. 그래서
이 진리를 아무런 거리 없이 내가 찾고 있던 철학의
제1원리로 받아들일 수 있다고 판단했다.

— 『방법서설』

## "나는 생각한다, 그러므로 존재한다"

아주 어릴 적부터 예수회의 견고한 인문주의적 교육을 받으며 성장했다. 법학과 의학을 공부했고, 1629년에 연구에 전념하기 위해 네덜란드로 갔다. 그의 지적 명성을 들은 스웨덴의 크리스티나 여왕은 그를 자신의 교사로 왕궁에 초대했다. 하지만 병약한 몸 때문에 하루에 열 시간씩 수면을 취하고 주로 침대에서 명상하거나 책을 읽었던 데카르트에게 이 같은 영예는 도리어 삶을 앗아가는 결과를 낳았다. 극심한 추위를 무릅쓰고 새벽 다섯 시부터 여왕을 가르쳐야 하는 왕궁 생활이 계속되자, 데카르트는 스웨덴에 간 지 넉 달 만에 생을 마감했다.

철학자로서 그는 스콜라 철학의 통념들을 문제 삼으며 편견에 맞섰다. 그의 수많은 이론적 기여 가운데 가장 두드러진 것은 증거, 분석, 종합 및 입증을 높이 평가한 방법론이다

○ 양식은 세상에서 가장 공평하게 분배되어 있는 것이다.
누구나 자신이 충분한 양식을 지녔다고 생각하는 탓에,
다른 일에는 자제할 줄 모르던 사람들조차 더 가지려고 하지 않는다.

> ○ 관건은 잘 이해하는 것보다 이해한 바를
> 제대로 활용하는 일이다.
>
> ○ 위대한 영혼을 지닌 사람은 본인이 쌓은
> 가장 큰 덕행만큼이나 큰 악행도
> 저지를 수 있다. 느리게 걷는 사람도
> 항상 곧은길로만 간다면, 뛰어가되
> 곧은길에서 벗어난 사람보다
> 더 멀리까지 갈 수 있다.

○ **첫 번째 규칙은 명징하게 참으로 드러난 것이 아니면
그 어떤 것도 참으로 받아들이지 않는 것이다.
즉 주의를 기울여 속단과 편견을 피하고,
내 정신에 한 치의 의심도 없을 만큼
명석 판명하게 드러난 것을 제외하고는
그 어떤 것에 대해서도 섣불리 판단해서는 안 된다.**

데카르트를 연구한 학자들은 그가 신의 존재를 증명하려 시도한 것이 아니라 신에 관한 보편적인 의문의 근거가 되는 가정에 반박한 것이라고 주장한다.

이 손과 몸이 내 것이라는
사실을 어떻게 부정할 수
있겠는가? 이를 부정해봤자
쓸개즙에서 흘러나온 검은
연기로 머리가 혼탁해진
사람들 행렬에 끼어드는 꼴이
될 것이다. 쥐뿔도 없으면서
왕이라 우겨대고, 벌거벗은 몸을
하고서 황금새이나 자줏빛 옷을
입었다고 지껄여대며, 자신이
항아리라거나 유리로 된 몸을
갖고 있다고 상상하는 사람들과
동급이 될 것이다.
그들은 정말 미친 사람들인데,
내가 그자들의 예를 따른다면
얼마나 터무니없는 일이겠는가.

**내 스승들이 사용했던
언어인 라틴어가 아니라
내 조국의 언어인
프랑스어로 이 책을
쓰는 이유는 타고난
순수이성으로 사고하는
사람이 고서들만 믿는
사람보다 내 의견을
한결 잘 판단하리라
기대하기 때문이다.**

시인의 글에서는 철학자의 글보다 더욱 진지한 문장들을 엿볼 수
있다. 시인들은 열정과 상상력에 힘입어 글을 쓰기 때문이다.
우리 모두에게는 부싯돌과도 같은 숨겨진 지식의 불꽃이 존재한다.
철학자가 이성을 통해 이 불꽃을 밝힌다면 시인은 상상력을 통해
불꽃을 켠다. 이런 점에서 시인은 한결 훌륭하다고 할 수 있다.

# Diogenes
## 디오게네스
그리스 시노페 BC 413~그리스 코린토 BC 324

디오게네스 라에르티오스, 『그리스 철학자 열전(Lives of Eminent Philosophers)』 BC 3세기
카를로스 가르시아 구알, 『개(犬) 학파, 견유학파 철학자들의 삶(The Dog's Sect , Lifes of Cynical Philosophers)』, 1987
R. B. 브랜험, M. O. 굴렛 케이즈 공저, 『견유학파의 철학자들(The Cynics)』, 2000

테오프라스토스가 들려주는 이야기에 따르면, 언젠가 디오게네스는 정해진 방향 없이 여기저기를 쏘다니는 쥐새끼 한 마리를 보다가, 잠을 청할 잠자리도 찾지 않고, 밤을 두려워하지도 않으며, 사람들이 유용하다고 생각하는 그 어떤 것에 대해서도 근심하지 않는 쥐의 모습에서 환경에 적응하는 방법을 발견했다고 한다. (중략) 이후 거주할 조그만 오두막을 찾아달라고 아는 이에게 부탁했는데 그 사람이 계속 답을 주지 않자, 자신의 편지에 쓴 것처럼 통 속에 살기 시작했다. 여름에는 햇볕에 달궈져 타는 듯한 모래에서 뒹굴고, 겨울에는 온통 눈으로 뒤덮인 동상을 끌어안는 등 온갖 종류의 역경을 자초하며 자신을 수련했다고 한다.

— 디오게네스 라에르티오스, 『그리스 철학자 열전』

### '미친 소크라테스'라고 불린 철학자

철면피 혹은 개(犬)라고 불렸던 디오게네스는 그의 별명이 유래한 견유학파에 속했다. 도발적인 성격의 소유자였던 그는 극히 소외된 삶을 살았으며, 자신이 속한 사회에 대해 매우 비판적이었다. 전해지는 바에 따르면 실제로 그는 나무통 속에서 살았다고 한다.

현존하는 저서는 없지만 그의 삶과 가르침에 대해 가장 많은 정보를 전한 사람은 그리스의 전기작가 디오게네스 라에르티오스다. 디오게네스 라에르티오스가 전한 일화들 덕분에 디오게네스라는 인물은 하나의 전설이 되었고, 플라톤은 그를 '미친 소크라테스'라 부르기도 했다.

**어떤 사람이 디오게네스를 나무라며 "철학을 한다는 자가 어찌 그리 아는 것이 없습니까?"라고 말했다. 그러자 디오게네스가 대답했다. "나는 알고자 열망합니다. 이 열망이 바로 철학이니까요."**

누군가가 디오게네스에게 어디 출신인지 묻자 그는 "나는 세계 시민이오"라고 대답했다.

어느 날 사원을 지키던 사제들이 사원의 보물 접시를 훔친 사내를 끌고 가는 광경을 보게 된 디오게네스는 이렇게 말했다. "큰 도둑들이 작은 도둑을 잡았군."

알렉산더 대왕이 일광욕을 즐기던 디오게네스 앞으로 다가가 "모두 다 들어줄 테니 무엇이든 네 소원을 말하거라"라고 물었다. 디오게네스는 대왕에게 대답했다. "조금 비켜 서주시겠습니까? 대왕께서 제 햇살을 가리고 있습니다."

'개 같은 생활'을 한다고 붙여진 이름 '견유학파'는 키니코스학파라고도 불리는데, 이 말은 그리스어로 '개'를 뜻하는 'kyon'에서 유래했다.

J. N. 워터하우스의 유화 「디오게네스와 통」

- 디오게네스는 꿈자리가 사나웠다며
  초조해하는 사람들을 보자 깨어 있을 때
  하는 일은 소홀히 하면서 오히려 잠자며
  상상한 일을 그리 걱정하느냐고 꾸짖었다.

- **아무도 자신의 심각한 연설에 관심을 보이지 않자
  디오게네스는 귀청이 떨어져라 새 지저귀는 소리를 내기
  시작했다. 그 소리에 놀란 사람들이 우르르 주변으로
  몰려들자, 미욱한 소리를 듣기 위해서는 이처럼 쏜살같이
  몰려들면서 견중한 주제를 다룰 때는 어찌하여 그토록
  머뭇거리느냐고 그들을 나무랐다.**

- 디오게네스는 구걸을 하며 살았는데 그럴 때 늘 써먹는 말이 있었다.
  "이미 적선을 하신 분이라면 제게도 베풀어주십시오.
  아직 적선을 하지 않았다면, 저에게 시작해보십시오."

# Empedocles

## 엠페도클레스
시칠리아 아크라가스 BC 490~BC 430

디오게네스 라에르티오스, 『그리스 철학자 열전(Lives of eminent philosophers)』, BC 3
조너선 반스, 『소크라테스 이전 철학자들(The Presocratic Philosophers)』, 1982
W. K. C. 거스리, 『그리스 철학사 2권: 소크라테스 이전 전통, 파르메니데스에서 데모크리토스까지(A History of Greek Philosophy Volume II: The Presocratic Tradition from Parmenides to Democritus)』, 1965

셀리누스 인근의 썩은 강물에서 전염병이 창궐하여
사람들이 죽어 나가고 임산부들은 출산에 어려움을 겪고
있었다. 이 소식을 접한 엠페도클레스는 자신의 재산을
털어 인접한 두 곳의 강물을 오염된 강으로 끌어왔는데,
오염된 강물은 깨끗한 물과 섞이자 정화되었다.
셀리누스 시민들은 전염병이 사라진 것을 기뻐하며
강가에서 잔치를 벌였고, 때마침 그곳에 엠페도클레스가
나타났다. 그러자 사람들이 모두 일어나 마치 신을 받들 듯
그를 숭배하며 예를 올렸다. 엠페도클레스는
이런 사람들의 믿음을 확인시켜주고 싶은 마음에
불속으로 몸을 던졌다고 한다. 반면 엠페도클레스가
펠로폰네소스로 떠났고 다시는 돌아오지 않았다고 주장한
티마이오스와 같은 사람들도 있었던 점으로 보아
그가 죽음에 이른 원인은 확실히 밝혀지지 않았다.

— 디오게네스 라에르티오스, 『그리스 철학자 열전』

## 화산 분화구에 몸을 던지다

신비로운 철학자 엠페도클레스는 널리 인정받는 의사이면서 마술을 부리는 것으로도 유명했다. 사람들은 그가 기적을 행한다고 믿었고, 본인도 스스로를 신이라고 생각했다.

엠페도클레스는 만물의 근원 아르케(arche)의 문제에 대하여 물, 불, 공기, 흙이라는 네 가지 물질을 내세웠고, 이 원소들이 만물을 만들었다고 했다. 그는 사랑과 다툼이라는 우주의 힘이 네 가지 원소의 결합과 분리를 유발함으로써 만물이 탄생했다고 설명했다.

디오게네스 라에르티오스의 기록에 따르면, 엠페도클레스는 자신을 신이라고 믿는 사람들에게 보여주기 위해 에트나 화산의 분화구에 몸을 던져 영영 사라져버렸다고 한다.

너희에게 나는 더 이상 필멸의 존재가 아니라 불멸의 신이다.
마땅히 받아야 할 존경을 받으며 꽃 장식과 리본 달린 왕관을 쓰고
너희 사이를 걷는다. 남자든 여자든 나를 따르는 추종자들과
함께 들어선 번성한 도시마다 사람들이 나를 숭배한다.
무수한 사람이 영리를 추구할 방도를 묻고자 내 뒤를 따른다.
어떤 이는 나에게 예언을 청하고, 또 어떤 이는 끔찍한 고통에
시달려 모든 종류의 질병을 치유하는 내 말을 듣고자 한다.

**눈에 보이는 것을 귀로 듣는 것보다
더 신뢰하지 말라.
사람들의 혀가 내뱉는 말에
개의치 말고 소문에 귀 기울이지도 말라.
그러나 지식을 가능케 하는
여타의 기관들에 대해서는
신뢰를 저버리지 말라.**

아둔한 자들은 확실히 뇌가 작은 사람들이다.
그들은 예전에 이루지 못한 일을
지금은 이룰 수 있다고 믿으며,
완전히 죽거나 파괴되는 것이 있다고 생각한다.

● **언젠가 죽게 마련인 인간은 애초에 탄생한 적이 없으며
종국에 죽음을 맞는다 해서 사라지지도 않는다.
현실에는 이들의 혼합과 혼합된 것들의 교차만 있을 뿐인데,
인간들이 이를 탄생이라 부르는 것이다.**

● 과거에 존재했던 것과 현재에 존재하는 것,
그리고 미래에 존재할 모든 것이 조화와
불화에서 유래했다. 물에서 영양을 공급받는
나무, 남자와 여자, 맹수, 새, 물고기는 물론
긴 삶을 누리는 신들 역시 여기에서 비롯되었다.

● 이전의 삶에서 나는 소년, 소녀, 잡목,
새, 그리고 바다의 말 없는 물고기였다.

고대 그리스 아크라가스(현재
의 이름은 아그리젠토) 신전의
계곡에 남아 있는 돌기둥

# Epicurus
**에피쿠로스**
그리스 사모스 BC 341~그리스 아테네 BC 270

『메노이케우스에게 보내는 편지(Letter to Menoeceus)』
『이도메네우스에게 보내는 편지(Letter to Idomeneus)』
『헤로도토스에게 보내는 편지(Letter to Herodotus)』

언젠가 죽을 것이라는 데 두려움을 느끼지 않는 사람은 살면서도 두려움을 품지 않는다. 반면 죽음이 닥칠 때 겪게 될 고통 때문이 아니라 죽음을 기다리는 것이 고통스러워 죽음이 두렵다고 말하는 사람은 어리석은 자다. 막상 들이닥쳤을 때 두렵지 않은 일이 오히려 기다릴 때 고통을 준다니 황당한 일이 아닌가. 이처럼 가장 소름 끼치는 악으로서의 죽음은 실제로 우리에게 아무것도 아니다. 우리가 살아 있는 한 죽음은 존재하지 않고, 죽음이 찾아왔을 때 우리는 이미 존재하지 않을 것이기 때문이다. 따라서 산 자에게도 죽은 자에게도, 아직 죽음이 찾아들지 않은 자에게도 이미 죽음을 맞이한 자에게도 죽음은 존재하지 않는다.

—『메노이케우스에게 보내는 편지』

## 쾌락은 행복한 삶의 시작이자 끝이다

사모스 섬에서 태어난 것으로 추정되며, 아테네에서 유년 시절을 보냈다. 젊어서부터 철학 연구에 몰두하여 '철학은 실용적 지식이자 삶을 위한 지식이며, 인간이 행복을 성취하는 데 도움이 되는 학문이다'라고 정의 내렸다.

그가 레스보스에 세운 '정원의 학교'는 은둔 생활을 하는 친구들과 제자들이 철학을 연구하고 우정을 나누는 작은 과수원이었다. 플라톤의 아카데미아나 아리스토텔레스의 리케이온과 달리 정원의 학교에는 여자들도 참여할 수 있었다. 정원의 학교 입구에는 '나그네여, 여기서 편안히 쉬게나. 이곳에서 쾌락은 최고의 선이라네'라는 추원의 글이 새겨져 있었다고 한다.

- 젊다 하여 철학에 의심을 품고,
  늙었다 하여 철학에 싫증내는 자가 없길 바란다.

- 자연의 순리에 따라 사는 사람은
  무엇보다 철학과 우정에 전념한다.

- 충분한 것을 적다고 생각하는 자에게
  충분한 것은 아무것도 없다.

- **미래가 전부 우리의 것이길 고대하지 말고,
  또한 절대로 우리의 것이 될 수 없다 할지라도
  이에 절망하지 말라. 미래가 우리와 전혀
  무관한 것은 아니지만 우리에게 속한 것도
  아님을 기억해야 한다.**

에피쿠로스는 삼백여 권의
필사본을 썼다고 전해진다.

## 쾌락은 행복한 삶의 시작이자 끝이다.

오랫동안 고통을 인내함으로써
지극한 행복이 찾아온다면
이런 고통은 쾌락보다 낫다.

## 모든 쾌락은 그 본질상 선한 것이지만 그렇다고
## 모든 쾌락이 선택할 만한 가치가 있는 것은 아니다.
## 마찬가지로 모든 고통은 악이지만
## 그 모든 고통을 피해야 하는 것은 아니다.

정말 행복한 사람은 젊은이가 아니라
일생을 잘 살아온 늙은이다.
혈기 왕성한 젊은이는 행운의 광란에
자주 상처를 입지만,
예전에 애타게 고대하던 선(善)에서
이제는 평온한 기쁨을 누리는 늙은이는
항구에 정박한 배처럼 느긋하게 노년을 즐긴다.

# Erasmus
## 에라스무스
네덜란드 로테르담 1466~스위스 바젤 1536

『에라스무스 격언집(Adagia)』, 1500
『우신예찬(The Praise of Folly)』, 1509
『자유의지론(On the Bondage of the Will)』, 1525

현자들이 일상적인 삶에서 얼마나 무용한지를 보여주는 증거가 바로 소크라테스다. 지혜가 없다는 자신의 생각과 달리 뜻밖에도 지상에서 가장 현명한 사람이라는 아폴로의 신탁을 받은 소크라테스는 무슨 내용인지는 모르는 무엇인가를 대중 앞에서 주장하다가 결국은 포복절도하는 대중들 사이를 빠져나와야 했던 인물이다. 그렇다고 완전히 제멋대로 구는 사람은 아니어서 본인은 현자라는 칭호를 받아들이지 않았고 오직 신을 위해 간직했다. 이것은 무릇 현자는 공무를 삼가야 한다는 생각에서 비롯된 행동이었는데, 정녕 그에게 필요한 충고는 따로 있었다. 대중의 한 사람으로 남고 싶으면 지혜를 발휘하는 것을 삼가야 한다는 것이 바로 그 충고다. 소크라테스를 죄인으로 몰아 독배를 들게 했던 것이 지혜가 아니면 대체 무엇이었다는 말인가?

─『우신예찬』

## 금서가 된 베스트셀러 『우신예찬』을 쓰다

네덜란드 출신의 철학자이자·신학자다. 성직자의 사생아로 태어난 그는 교회의 개혁을 위해 평생을 바친 인문주의자였다. 열네 살 때 부모가 전염병으로 사망하자 아우구스티누스 수도원에 들어가 라틴 고전학·과학·예술을 공부했다. 이후 파리 대학에서 공부하며 이탈리아 르네상스의 지대한 영향을 받았고, 자유주의 사상가로 변모했다. 1521년에 바젤에 정착하자 에라스무스의 학문적 명성을 늦이 산 루터에게서 종교개혁파를 지지해 달라는 요청을 여러 차례 받았고, 그로 인해 종교개혁주의자와 가톨릭교회 간에 벌어진 지속적이고도 격렬한 논쟁에 휘말리게 되었다.

가톨릭교회는 그의 저서를 금서로 지정했지만, 정작 그는 반가톨릭주의자나 반교권주의자가 아니었다. 그는 그저 부패한 가톨릭 교리의 정화와 교회 제도의 자유화를 원했을 뿐이었다.

● 프랑스인은 프랑스어로, 영국인은 영어로, 독일인은 독일어로
인도인은 인도어로 말하듯 자신의 모국어로 복음서를 읊는 것이
왜 나쁘다는 것인가? 내가 보기에는 무학자들과 여자들이
뜻도 모르는 라틴어로 앵무새처럼 시편과 주기도문을
웅얼거리는 모습이 훨씬 더 우스꽝스럽다.

● **성 베드로와 사도 바울을 기쁘게 하고 싶은가? 그렇다면
성 베드로의 신앙과 사도 바울의 자비를 실천에 옮겨라.
이렇게 하는 것이 로마를 열 번 순례하는 것보다 낫다.**

● 머리통, 젖가슴, 손, 귀때기처럼 버젓한
육신 부위에서 어찌 신들과 인간들이
만들어졌겠는가? 가당치도 않은 소리다.
머저리 같기도 하고 겸연쩍기도 해서
피식 웃지 않고서는 입에 담을 수조차 없는
그 부위야말로 인간이라는 종족의 번식처다.

● 맹인들의 나라에서는 외눈박이가 왕이다.

● 항상 남의 마당에 있는 잔디가 더 파랗다.

네덜란드 로테르담에 있는 에라스무스 다리. 그 외에도 로테르담에는 에라스무스 거리, 에라스무스 동상, 에라스무스 대학이 있다.

○
**양쪽 군대의 무장한 병사들이 대치한 가운데 공격을 알리는
뿔 나팔의 둔탁한 소리가 울려 퍼지는 전투 상황에 있다면,
연구에 지쳐 파리해진 현자들이 무슨 소용이겠는가?
예리하고 냉철한 피로 자신의 영혼을 유지하기에도
벅찬 그들이 도대체 무슨 쓸모가 있겠는가?**

○
현자들이 자신이 삶에 대해 능숙하다고 자처하며 나대지만 않는다면,
공적인 사안을 두고 이러쿵저러쿵 훈수를 두는 것은 참아줄 수 있다.
하지만 어디 한번 현자라는 사람을 잔치에 데려가보라.
아마도 음울한 침묵으로 일관하거나 성가신 질문들을 해대며
잔치에 찬물을 끼얹을 것이다.

# Luc Ferry

## 뤽 페리

프랑스 파리 1951~

『새로운 생태 질서(The New Ecological Order)』, 1992
『신-인간 혹은 삶의 의미(Man Made God: The Meaning of Life)』, 1992
『성공한 삶이란 무엇인가(What is the Good Life?)』, 2002
『사는 법을 배우다(Learning to Live)』, 2006

우리가 살고 있는 환경을 보호해야 한다고 주장하는 이유가 오직 환경 파괴가 인간에게 악영향을 끼칠 수 있기 때문인가? 아니면 자연은 인간의 의지에 따라 개발하고 착취할 수 있는 미가공 상태의 자원이 아니라, 그 자체로 중요하고 감탄할 만한 체계, 조화롭지만 쉽게 손상되는 체계라는 점에서 궁극적으로 인간의 삶을 나타내기에 있는 그대로 보호해야 한다는 것인가? 첫 번째 의견은 근대적 인본주의를 일체의 손상 없이 그대로 보존하고 있고, 두 번째는 인본주의에 대한 한층 근본적인 재검토를 내포한다. 인본주의는 산업화된 현대 세계가 처한 위기의 해결책이 아니라 오히려 진정한 의미의 원죄로서 그 위기를 초래한 첫 번째 원인으로 간주되어야 할 것이다.

—『새로운 생태 질서』

## 철학에서 사는 법을 배우다

리옹 대학과 파리 7대학 교수를 역임했고, 2002년에서 2004년까지 프랑스 교육부 장관으로 일하는 동안 교육 시설에서 종교적인 상징을 사용하지 못하게 하는 조치를 취했다. 그는 70년대의 프랑스 교육혁명이 규칙이나 노력이 없는 창조적 환상들만 강조함으로써 학생들에게 큰 해를 끼쳤다고 주장했다. 1992년 저술한 『새로운 생태 질서』는 에세이 부문에서 메디치 상을 받았고, 개혁적 환경운동가들과 급진적인 심층생태주의자들 간에 논쟁을 불러일으켰다.
최근 몇 년간 프랑스에서 가장 주목받고 있으며, 그의 저작들은 25개 국어로 번역·출판되었다.

- 인도주의적 행동에 대한 기독교 계율들을 요약하면 "남들이 당신에게 하지 말았으면 하는 일을 남에게 하지 말라"라고 할 수 있다.

- **과거의 어느 때에도 타인에 대한 우리 각자의 책임의식이 인종적, 종교적, 문화적 관련성을 모두 초월해 타인을 자신의 분신으로 여기는 수준으로까지 나아간 적은 없었던 것 같다.**

  - 인간은 자신의 본성에서 벗어나 완전히 사심을 버리고 근본적으로 반자연적이라 간주되는 행위를 할 수 있다. 또한 반대로 살인이나 고문을 저지를 수도 있다. 그러나 동물에게는 사디즘이 존재하지 않기 때문에 다른 동물을 죽이기는 해도 고문하지는 않는다.

- 데카르트의 인본주의는 자연 일반을 포함해, 동물의 본성이 지닌 가치를 떨어뜨리는 데 있어 가장 멀리까지 나아간 학설이다.

뤽 페리의 저서 『사는 법을 배우다』 프랑스어 판

뤽 페리는 교실에서 놀이가 공부를 다신할 수 있다는
생각과 젊다는 것은 유쾌한 일이지만 늙는다는 것은
재앙이라는 생각은 잘못되었다고 지적한 바 있다.

문화에 대한 철학적 개념인 '소비', '정착', '근절'은
상호 대립을 지속해왔다. 오늘날까지도
이 세 가지 핵심 단어의 깃발 아래 모인 새로운 십자군들이
서로 맞서고 있다. 또한 이 개념들은 다음의 세 가지 방향에서
타락의 길을 걷기도 한다. '모든 것은 문화적이다'라는 대중 선동,
협소한 낭만주의로 무장하고 매복한 '민족주의'와 '민속',
그리고 자유의 몸짓을 지나치게 강조한 나머지 정체를 알 수 없는
추상의 수준으로까지 저하된 '전위주의'가 바로 그것이다.

쉬운 것을 추구하는 문화가
절정에 달함에 따라
어렵지만 흥미로운 것을
추구하는 문화는 말살되었다.

# Michel Foucault

**미셸 푸코**

프랑스 푸아티에 1926~프랑스 파리 1984

『광기의 역사(Madness and Civilization)』, 1961
『말과 사물(The Order of Things)』, 1966
『지식의 고고학(The Archaeology of Knowledge)』, 1969
『감시와 처벌(Discipline and Punish: The Birth of the Prison)』, 1975
『성의 역사(The History of Sexuality)』, 1976~1984

광기는 야만의 상태에서는 발견할 수 없으며
오직 사회에만 존재한다. 이는 광기를 보이는 사람들을
격리시키고 싶은 감정, 즉 그들을 사회에서 배제해 한곳에
가두려는 거부감이 없는 곳에서는 존재하지 않기 때문이다.
중세와 그 이후인 르네상스 시대에 광기는 미학적 사실
혹은 일상적인 사실로 사회의 지평 내에 존재한다.
그러다 광기의 감금이 시작되는 17세기에 이르러 침묵과
배제의 시기가 도래한다. 광기는 셰익스피어와 세르반테스
시대에 지녔던 현시와 계시의 기능을 잃게 되었다.
터무니없는 허위가 된 것이다. 마침내 20세기는 광기를
굴복시켜 자연현상으로 축소시켜버리고,
이것을 세상의 진리와 연관짓는다.

—『광기의 역사』

## 합리적 시대에 광기에 대해 말하다

정신의학에 흥미를 갖고 연구했으며 서양 문명의 핵심이라 할 수 있는 합리적 이성에 대한 독단적 논리성을 비판하고 소외된 비이성적 사고, 즉 광기의 진정한 의미를 파헤쳤다.
1970년에 프랑스에서 가장 권위 있는 학자의 직책으로 여겨지는 프랑스 대학의 사상사 교수로 임용되었다. 그러나 1970년대 말에 현실정치의 변화에 대한 환상과 사회운동이 무너지자, 그는 생애의 마지막 20년 동안 전 세계를 돌며 강연을 했다. 이따의 강연들은 그에게 국제적인 명성을 안겨주었다. 그는 1984년에 에이즈로 사망했다.

## 내가 누구인지 묻지 말 것이며, 내가 계속 같은 나이기를 요구하지 말라.

나는 허구 그 이상을 쓰지 않았다는 사실을 안다. 그렇다고 허구가 진실의 외부에 있다고 말하고 싶지는 않다. 내가 보기에 허구로 진실을 담아낼 가능성은 얼마든지 존재한다. 다시 말해, 허구의 담론으로 진실의 효과를 유도함으로써 진실의 담론이 야기될 가능성, 아직 존재하지 않는 것을 '만들어낼' 즉 '허구화할' 가능성이 존재한다.

흰색 종이 위에 쓰인 조심스러운 말의 증언. 거기에서는 울림이나 대화 상대도 존재할 수 없고, 말이 스스로 자신을 부정하는 것밖에는 하지 못하며, 자기 존재의 섬광에서 빛을 발하는 것 외에 다른 어떤 일도 할 수 없다.

사물의 질서 회복보다 더 불확실하고 경험적인 것은 없다.

작품은 자신을 방해하는 광기로 인해 공허, 침묵의 시간, 그리고 대답 없는 질문의 세계를 열고, 세상에 질문을 던지도록 강요하는, 화해할 수 없는 파열을 야기한다.

미셸 푸코는 정치적으로 성인과 15세미만의 미성년자 간에 합의된 모든 관계를 합법화하는 데 찬성한다는 선언에 서명한 바 있다.

○ 나는 말하는 것을 넘어 말이 나를 감싸 안고 인도해주기를 바랐다. 말을 하려는 순간에 아주 오래전부터 존재해온 이름 없는 음성이 이미 나를 선행했다는 사실을 깨달았더라면 좋았을 것이다. 그러면 나는 문구를 엮고 계속 나아가, 그것의 틈 사이로 들키지 않은 채 끼어드는 것만으로도 만족했을 것이다.

○ **정의라는 개념은 다양한 유형의 사회에서 특정한 정치적이고 경제적인 권력의 도구로 혹은 그 권력에 대항하는 무기로 작용하도록 만들어진 개념이다.**

# Sigmund Freud
## 지그문트 프로이트
모라비아 프라이베르크 1856~영국 런던 1939

『꿈의 해석(The Interpretation of Dream)』, 1899
『일상생활의 정신병리학(The Psychopathology of Everyday Life)』, 1904
『성욕에 관한 세 편의 에세이(Three Essays on the Theory of Sexuality)』, 1905
『자아와 이드(The Ego and the Id)』, 1923
『문명 속의 불만(Civilization and Its Discontents)』, 1930

과학의 시대가 도래하기 전에 살았던 인간에게 꿈을 설명하는 일은 지극히 평범한 일상의 한 부분이었다. 그때는 잠에서 깨어났을 때 머릿속에 남은 꿈의 기억이 천상세계나 악마 또는 신의 세력이 내보이는 길하거나 흉한 징조로 해석되었다. 그러나 물리과학의 학문적 원리가 번성함에 따라 의미심장했던 이 모든 신화는 심리학으로 변모했다. 현재 학식을 갖춘 사람들 중 여전히 꿈이 잠자는 사람의 고유한 정신기능일지도 모른다고 생각하는 이는 극소수에 불과하다. 그러나 신화적 가설을 폐기한 순간부터 꿈은 신화를 대체할 다른 어떤 설명을 필요로 하게 되었다.

―『꿈의 해석』

## 정신분석학을 창시하다

어렸을 때 가족과 함께 빈으로 이주하여 그곳에서 생의 대부분을 보냈다. 철학자이자 신경과 의사였던 그는 정신분석학 이론의 창시자로 유명한데, 동료 의사였던 요제프 브로이어를 만나며 최면술에 관심을 갖기 시작했다. 파리의 한 정신병원에서 3년간 히스테리를 다루었고 이를 진지하게 연구할 가치가 있는 문제로 인식했다. 빈으로 돌아와 신경질환 전문의로 개업했고, 훗날 정신분석학의 시발점이 된 '대화 치료'를 발전시키기 위하 자유연상법과 꿈의 해석을 이용했다.

인간의 정신과 행동에 대한 프로이트의 저작은 사회과학, 철학 및 의학 분야에 지대한 영향을 미쳤다. 그러나 오늘날 정신의학 분야에서는 정신분석학의 창시자인 프로이트가 내놓은 연구 결과 대부분을 거부한다. 하지만 꿈, 말실수, 실착 행동처럼 논란의 중심에 있는 주제들을 연구하는 행위 자체는 자아와 무의식 또는 인간의 삶에 나타나는 '성적 충동'에 대한 그의 이론과 마찬가지로 여전히 유효하다.

얼마나 많은 진보가 이루어졌는가!
중세였다면 나를 화형에 처하고도 남았겠지만
지금은 내 책을 태우는 데 그치게 되었으니.

지금껏 아무도 답변을 내놓지 못했고,
여성의 심리 연구에 삼십 년을 바친 나 역시
답을 찾아내지 못한 대단한 질문이 있다.
그것은 바로 '과연 여성은 무엇을 원하는가?'이다.

나는 진실에 가장 가까운 꿈의 개념은
의학적인 것이 아니라 심지어 미신에도
반쯤 뿌리를 두고 있는 대중적인 개념이라는
사실을 깨닫고 소스라치게 놀랐다.

## 아직까지 현대 과학은 다정한 말 몇 마디보다 더 효과적인 안정제를 만들어내지 못했다.

문화의 근본적인 역할, 다시 말해 문화의 존재 이유는
우리를 자연으로부터 지키는 것이다.

두 개인이 매번 모든 면에서 일치한다면,
둘 중 한 사람이 자신을 포함해 상대방까지
고려하고 있는 것이다. 나는 그렇다고 확신한다.

○ 어머니의 가슴에서 만족감을 얻었던 성적 요소는 낯선 대상에서 벗어나 아이 본인의 신체기관 혹은 부위로 대체하는 행위인 '빨기'를 통해 독립을 성취한다.

○ **유아라는 조그만 존재는 어머니를 독차지하려 들며 아버지의 존재를 거슬려 한다. 따라서 아버지가 어머니에게 애정을 표현할 때는 화가 나고, 아버지가 부재중이거나 여행을 떠난 경우에는 만족감을 감추지 못한다.**

○ 유아의 감정은 성인의 감정과 비교했을 때 굉장히 강렬하고 깊이가 있는데, 성인의 세계에서는 종교적 황홀경만이 그와 견줄 수 있을 정도다. 종교에서 신을 향한 헌신의 충동을 느끼는 성인의 마음은 아이가 위대한 아버지의 귀환을 맞을 때 보이는 맨 처음 반응과 흡사하다.

"나는 운 좋은 인생을 보낸 사람이었다. 그 어떤 것도 나에게 쉬운 일은 없었기 때문이다."

# Erich Fromm

**에리히 프롬**
독일 프랑크푸르트 1900~스위스 무랄토 1980

『자유로부터의 도피(The Fear of Freedom)』, 1941
『건전한 사회(The Sane Society)』, 1955
『사랑의 기술(The Art of Loving)』, 1956
『소유냐 존재냐(To Have or to Be?)』, 1976

사랑을 소유할 수 있을까? 만약 그것이 가능하다면 사랑은 사물의 형태를 띠거나 소유할 수 있는 실체가 있어야 한다. 그런데 사실 '사랑'이라 불리는 구체적인 사물은 없다. '사랑'은 추상 개념이며 어쩌면 여신이거나 이방인일 것이다. 하지만 이 여신을 본 사람은 없다. 사실 사랑에는 사랑하는 행위만 존재한다. 이는 생산적인 행위이며 사람이나 나무, 그림이나 관념을 보살피고, 알아가고, 반응하고, 긍정하고, 향유하는 것을 뜻한다. 또한 삶을 불어넣고, 생기 넘치게 한다. 요컨대 사랑하는 행위는 자기 자신을 개발하고 강화하는 과정이다. 그러나 사랑을 소유의 방식으로 경험하는 것은 '사랑하는' 대상을 구속하고, 감금하고, 지배한다는 의미다.

—『소유냐 존재냐』

## 현대인에게 자유가 무엇인지 묻다

하이델베르크 대학에서 수학한 에리히 프롬은 프랑크푸르트학파에 적극적으로 참여했으나, 이후 정신분석학 이론에 대한 해석의 대립과 마르쿠제, 아도르노 같은 구성원들과의 의견 차이로 결별했다. 1934년에 나치가 집권하자 미국 당명길에 올랐고, 1950년에 멕시코로 이주해 멕시코 국립대학에서 강의를 했다. 이후 수년 동안 미시건 대학과 멕시코 국립대학을 오가며 두 대학의 교수직을 병행했다.

특히 자신의 책 『자유로부터의 도피』에서 현대인은 자신을 상품으로 변모시켰고, "삶도 수익을 남기기 위해 투자해야 하는 자본처럼 여긴다"라고 설명한 바 있다. 그는 1965년에 은퇴한 후 여러 나라를 여행했고, 1974년에 스위스에 정착해 그곳에서 생을 마감했다.

● 20세기에 들어서 사람들의 공감 능력은
현저히 줄어들었고,
고통을 느끼는 능력 역시 퇴색했다.

● **사람들이 사랑이라 '부르는' 것은 대개
실제로 사랑하지 않는다는 사실을 숨기기 위해
그 말을 오용하는 것이다.**

● 연인 사이일 때는 아직 애인이 자신을 사랑하는지
확신하지 못하기 때문에 상대를 정복하려 애쓴다.
이때는 두 사람 모두 생기가 넘치고 매력적이며 아름다운데
이는 생기가 얼굴을 아름답게 만들기 때문이다.
아직 둘 중 누구도 상대를 '소유'하지 못했기에
각자의 에너지는 '존재'를 향한다. 이는 다시 말해
상대에게 에너지를 주고 자극한다는 의미다.

● 혼인증명서는 모든 기혼자에게 상대의 몸과 감정,
관심을 전유할 권리를 부여한다. 이렇게 되면 사랑은
이미 소유한 어떤 것, 즉 소유물로 전락해버리기 때문에
두 사람 모두 서로를 정복할 필요를 느끼지 못한다.

에리히 프롬의 저서 『자유로부터의 도피』 스페인어 판. 그는 평생 동안 현대인에게 자유의 의미가 무엇인지에 대해 질문했다.

○ 사랑을 이야기하는 것은
모든 인간 존재의 근본적이고도
실제적인 필요성에 대해
이야기하는 것이다. 이 같은
간명한 이유에서 사랑에 대한
이야기는 결코 설교가 아니다.
또한 그 필요성이 빛을 잃었다 하여
존재하지 않는다는 의미도 아니다.
사랑의 본질을 분석하는 것은
현 상태의 모든 면에서 사랑의
부재를 발견하는 것이고
그러한 부재에 책임이 있는
사회적 조건들을 비판하는 것이다.

○ 오늘날 싸구려 물건을 파는 가게의 주인은 손님을 무심하게 바라보지만, 고가품을 파는 가게의 주인은 미소를 짓는다.

# Hans-Georg Gadamer

## 한스 게오르크 가다머
독일 마르부르크 1900~독일 하이델베르크 2002

『진리와 방법(Truth and Method)』, 1960
『철학의 사명(Reason in the Age of Science)』, 1981
『아름다움의 현실성(The Relevance of the Beautiful and Other Essays)』, 1977

경험으로 얻은 진리는 항상 새로운 경험과의 관계를
포함한다. 이런 의미에서 경험이 풍부하다고 일컬어지는
사람은 많은 경험을 했을 뿐만 아니라 새로운 경험에 대해
항상 열려 있는 이를 가리킨다. 경험의 완성은 모든 것을
알고 있고 그 누구보다 더 많이 안다고 생각하는 사람이
이룰 수 있는 일이 아니다. 정말 경험이 풍부한 사람은
가장 철저한 방식으로 독단에서 벗어나려 하는데
이는 많은 경험을 통해 무언가를 배웠기 때문이다.
바로 이러한 이유로 다시 경험을 쌓고
새로운 경험에서 배우려 하는 것이다.

—『진리와 방법』

## "진리는 고정된 실체가 아니다"

해석학을 발전시킨 독일의 철학자다. 마르부르크 대학의 학장을 지낸 대학 교수의 아들로 태어나 일찍이 인문학의 길을 걸었다. 에드문트 후설의 제자이자 한나 아렌트의 친구였지만 그의 사상에 핵심적인 영향을 미친 인물은 하이데거였다.

스승인 하이데거와 달리 나치 정권에 대항했던 그는 1946년에 라이프치히 대학의 학장이 되기까지 평교수에 머물러야 했다. 라이프치히가 독일민주공화국(등독)에 속하자 프랑크푸르트 대학으로 옮겼고, 1949년에 하이델베르크 대학에 부임하여 1968년까지 철학 교수로 재직했다.

● 아무도 이해하지 못하는 언어로 말하는 사람은
실제로는 말하는 것이 아니다.
말이란 누군가를 향하는 것이기 때문이다.

● 말을 배우는 것은 익히 알려진 친숙한 세계를
분류하기 위해 기존의 수단을 이용한다는
의미가 아니다. 그보다는 한 인간이 세계와
대면할 때 자신에게 드러나는 대로 세계의
친숙함과 지식을 획득한다는 의미다.

● 언어가 있다는 것은 동물이 자신의 환경과 맺는
관계와는 전혀 다른 방식으로 인간이 존재한다는
의미다. 인간은 낯선 언어를 배울 때 수생 동물이
육생 동물로 변할 때처럼 세계와의 관계를 바꾸지
않는다. 오히려 세계와 맺은 자신의 관계를 유지하며
낯선 언어의 세계로 자신의 세계를 확장함으로써
풍요롭게 만든다. 이렇듯 언어가 있는 사람에게는
'세계도 있다'.

한스게오르크 가다머의 사상에 핵심적인
영향을 미친 하이데거

**누구나 자신의 약점에서 미덕을 키우지 않을까?
타자와 타자의 권리를 옹호하는 것은 분명
내가 지닌 미덕이자 약점이다.**

우리는 언어로 사유한다. 사유한다는 것은
어떤 대상을 사유한다는 뜻이고,
대상에 관해 무엇인가를 말한다는 의미다.

유희적 구성요소를 배제한 인간 문화는
생각조차 할 수 없다. 놀이는 인간의
삶을 구성하는 기본적인 기능이다.

놀이에 배어 있는 인간성은 놀이에 무슨 목적이라도 있는 듯
놀이의 과정에 질서를 세우고 규율을 만드는 데서 엿볼 수 있다.
예를 들어 공을 바닥에 튕기고 노는 어린아이는 공이 다른 곳으로
사라질 때까지 몇 번을 바닥에서 튕기는지 세어보곤 한다.

# Georg Hegel
## 게오르크 헤겔
독일 슈투트가르트 1770~1831

『정신현상학(The Phenomenology of Spirit)』, 1807
『논리학(Science of Logic)』, 1816
『법철학(Philosophy of Right)』, 1821

인간은 교육과 수양을 토대로 성립되어야 하는 존재다. 인간은 그 같은 성립을 이룰 가능성, 다시 말해 이성적이고 자유로운 존재가 될 가능성에 불과하다. 따라서 인간은 단지 결정이자 의무에 지나지 않는다. 동물의 교육은 빨리 끝난다. 그렇다고 이 점을 동물에게 부여된 자연의 혜택으로 간주해서는 안 된다. 동물의 성장은 그저 양적인 강화에 불과할 뿐이다. 반대로 인간은 되어야 할 존재를 스스로 만들어가야 하고, 이 모든 것을 혼자의 힘으로 성취해야 한다. 인간은 자신이 바로 정신이라는 이유 때문에 자연적인 것을 떨쳐내야 한다. 이런 의미에서 정신은 인간의 고유한 결과가 되는 것이다.

―『역사철학강의(Lectures on the Philosophy of History)』

## 독일의 관념론을 집대성하다

서양 철학사에서 가장 영향력 있는 인물 중 한 명으로, 절대적 관념론의 대표 철학자다. 튀빙겐 대학에서 공부하며 횔덜린과 셸링을 알게 되었고 그들과 함께 칸트와 피히테의 관념론을 비판했다. 복합적인 사유를 담은 헤겔의 저서는 현재의 변증법을 이끌어낸 선구자 역할을 했다. 그의 저서에는 스피노자와 루소, 프랑스 혁명의 영향이 짙게 묻어난다. 그의 추종자들은 그가 사망한 후 보수적인 색차의 헤겔 우파와 헤겔 좌파로 나뉘었다. 헤겔 좌파의 대표적인 인물로는 마르크스를 들 수 있는데, 마르크스는 헤겔의 사상에서 영감을 받아 역사적 유물론을 발전시켰다.

- 진짜 비극은 법과 불의가 대립하는 데서
  비롯되는 것이 아니라,
  두 개의 법이 충돌할 때 생긴다.

- 연극은 선과 악 중에서 선택하는 것이 아니라,
  선과 선 중에서 선택하는 것이다.

- **역사에서 정신은 보편적이지만 동시에
  특정한 본성의 개체인 민족 전체를 나타낸다.
  따라서 우리가 연구해야 할 정신은
  다름 아닌 민족정신이다.**

  - 민족은 스스로 원하는 것을 알지 못하는
    국가의 한 부분이다.

  - 뛰어난 재능을 지닌 사람들은 민족정신을
    이해하고, 그것을 지향하는 자들이다.
    그들이야말로 세계정신에 따라
    자신의 민족을 인도하는 위인들이다.

- 정신은 추상적인 것이나 인간 본성의 추상 관념이 아니고,
완전히 개별적이고 능동적이며 절대적으로 살아있는 무언가다.
또한 정신은 인식이지만 동시에 인식의 대상이기도 하다.
정신의 존재는 자기 자신을 대상으로 삼는 데 있다.

- 신문을 읽는 것은 근세 인간에게
아침 기도와도 같다.

- **정신을 특징짓는 것은 그것의 행위,
다시 말해 행위성이다.
인간은 행위하도록 만들어졌다.**

- 역사는 자유를 얻기 위한
정신의 노력이다.

    - 우리는 직관하거나 느낄 때 결정되는
    것이기에 자유롭지 못하다.
    오로지 이러한 느낌들에 대한 인식을
    획득했을 때만 자유로워질 수 있다.

"현실은 본질과 존재의 일치다. 본질은 현상의
뒤나 그 너머에 있지 않고, 본질이 존재한다는
그 사실로 인해 현상에서 구체화된다."

# Martin Heidegger
## 마르틴 하이데거
독일 메스키르히 1889~독일 프라이부르크 1976

『존재와 시간(Being and Time)』, 1927
『형이상학이란 무엇인가(What is metaphysics?)』, 1929
『예술작품의 근원(The Origin of the Work of Art)』, 1936

우리 시대만큼 인간에 대해 심오하고 다양하게 알려진
시대는 없었다. 또한 우리 시대만큼 인간에 대한 지식이
예리하고 매혹적인 방식으로 공개된 시대도 없었다.
현재까지 그 어떤 시대도 이러한 지식을 우리 시대만큼
신속 용이하게 접근할 수 있도록 만들지는 못했다.
그럼에도 불구하고 '인간은 무엇인가'라는 질문에
지금처럼 조금작에 답하지 못했던 적은 없었다.
그리고 그 어떤 시대에도 오늘날처럼 인간이 문제였던
적은 없었다.

— 『칸트와 형이상학의 문제(Kant und das Problem der Metaphysik)』

### 존재의 의미를 묻다

에드문트 후설의 제자이며 실존주의의 아버지라고 불린다. 후설의 현상학적 방법론을 독창적으로 적용한 『존재와 시간』에서 인간과 그의 세계 안에 있는 존재에 대해 철저히 분석했다.
프라이부르크에서 강의하며 독일 전체에서 명성을 얻게 되었다. 히틀러 정부는 1933년에 그를 프라이부르크 대학의 총장으로 임명했다. 하지만 나치즘이 지배하는 정치적 상황에서 그의 총장직 수락은 많은 사람의 반감을 샀다. 결국 그는 바로 이듬해에 총장직을 사임한 후 교육과 사색의 길로 돌아갔다.

- 철학의 모든 중심 문제는 '어느 정도까지 인간의 본질에서 자기 본래의 자리를 차지하고 있는가? 요컨대 그 중심 문제들은 무엇이고, 또 그것들은 어디에 있는가?'이다.

- **모든 물음은 일종의 탐색이다. 모든 탐색에는 이미 정해진 방향이 있는데, 그 방향은 찾고자 하는 것에서 비롯된다.**

- 인간학은 인간에 대한 학문을 일컫는다. 육체와 영혼, 정신을 타고난 존재라는 관점에서 인간을 파악하고 그의 본성에 대해 연구할 수 있는 모든 것을 포괄한다. 철학적인 방법론을 적용할 경우 인간학은 인간의 본질을 고찰한다는 점에서 철학적 인간학이라 부를 수 있다.

- 사유와 시(詩)의 대화는 언젠가 죽는 인간이 다시 언어 안에 거주하는 법을 배울 수 있도록 언어의 본질을 불러낸다.

- 철학은 자신의 언어에 귀를 막고 있는 상식을 결코 물리칠 수 없다. 심지어 철학은 이와 비슷한 욕망조차 품지 말아야 한다. 철학이 근본적인 문제라고 제시하는 것에서조차 상식은 눈을 감아버리기 때문이다.

하이데거의 사유 전체를 관통하는 물음은 '존재의 의미'다.

○ 가치의 객관성을 증명하려는 터무니없는 열망은
자신이 무슨 일을 저지르는지 알지 못한다.
'신'을 '최고의 가치'로 떠들고 다닌다면,
그것은 신의 본질을 격하하는 일이 될 것이다.

○ **플라톤의 철학이 파르메니데스의 철학보다 완벽한 것은
아니며, 헤겔의 철학이 칸트의 철학보다 완벽한 것도 아니다.
각 시대의 철학은 자신만의 고유한 필요를 대변해왔다.**

○ 철학의 종말은 과학 기술주의의 조작 가능한 세계의 정착과
이러한 세계와 결을 같이하는 사회 질서의 승리로 구체화된다.
철학의 '종말'은 서양의 유럽식 사유에 토대를 둔 세계 문명이
시작되었다는 의미다.

하이데거의 무덤

# Heraclitus

## 헤라클레이토스

이오니아 에페소스 BC 540~BC 480

디오게네스 라에르티오스, 『그리스 철학자 열전(Lives of eminent philosophers)』, BC 3
하이데거, 『헤라클레이토스(Heraclitus)』, 1967
J. 브런, 『헤라클레이토스, 영원회귀의 철학자(Heraclitus)』, 1977

우리는 호흡으로 신성한 이성(로고스, logos)을
들이마심으로써 현명해지고, 잠자는 동안 잠시
잊었다가도 잠에서 깨어나면 다시 지각 능력을 되찾는다.
이처럼 잠자는 사이 지각의 경로가 닫히면 우리의 정신은
주변과의 관계에서 분리되고, 마치 일종의 뿌리처럼
호흡을 유일한 연결 수단으로 삼게 된다. 바로 이러한 이유
때문에 정신은 예전에 지녔던 기억력을 상실하는 것이다.
그러나 깨어 있을 때 정신은 마치 창문과도 같은 지각의
경로를 통해 다시금 찾아들고, 주변과의 접촉을 통해
이성의 힘으로 무장한다.

—「단편(The Fragment)」

## "모든 것은 변한다"

헤라클레이토스의 생애에 대해서는 많이 알려져 있지 않다. 구족 집안 출신으로 이오니아의 해안 도시 에페소스에서 살았다. 동시대 철학자들의 말을 멋대로 재단(裁斷)하여 그들과 좋은 관계를 유지하지 못했다고 한다. 그의 저서들은 다른 철학자들이 인용한 글을 통해 단편적으로만 전해지는데, 델포이 신탁의 조언을 상기시키며 역설을 많이 사용하였고 잠언풍 문체가 뚜렷이 나타난다.

만물의 근원이 끊임없는 변화에 있다고 생각한 헤라클레이토스는 유일하게 영속적인 현실은 변화이며 이 같은 변화는 그가 로고스라 명명한 법칙에 의해 지배된다고 했다.

- 바닷물은 가장 맑은 물인 동시에 썩은 물이기도 하다.
물고기에게는 마실 수 있으며 건강에도 이로운 물이지만,
역으로 인간에게는 마실 수 없는 치사(致死)의 물이기 때문이다.

- **병이 건강을 달콤하게 하듯 배고픔은 배부름을,
피곤함은 휴식을 달콤하게 한다.**

- 삶과 죽음, 깨어남과 잠듦,
젊음과 늙음은 같은 것이다.
이런 일들은 저런 일들로 인해 변하고,
저런 일들은 이런 일들로 인해 변한다.

- 보이지 않는 조화는 보이는 조화보다 한층 강렬하다.

- 모든 것은 움직인다. 아무것도 정지해 있는 것은 없다.

에페소스의 켈수스 도서관 유적. 켈수스 도서관은
고대 에페소스가 남긴 가장 대표적인 유적이다.

만물이 생성과 파괴의 연속적인 과정을 거치는 가운데 변화하고, 그 어떤 것도 이 과정에서 벗어날 수 없다고 생각했다.

● **오르막길과 내리막길은 하나이고 동일하다.**

● 투쟁은 (만물에게) 공통적이고, 정의는 불화이며, 만물은 불화와 필요에서 탄생한다는 사실을 알아야 한다.

● 투쟁은 만물의 아버지요, 만물의 왕이다.
어떤 것들은 신으로 드러내고
또 어떤 것들은 인간으로 나타나게 한다.
또한 어떤 것들은 노예로 삼고,
또 어떤 것들은 자유인으로 내버려둔다.

● 세계는 신이나 인간에 의해 만들어진 것이 아니라
로고스에 의해 타오르고
그것에 의해 꺼지는 영원히 살아 있는 불이다.
이 영원한 불은 예전에도 그랬고, 지금도 그러하며,
앞으로도 언제나 그러할 것이다.

● **태양은 날마다 새롭다.**

# Thomas Hobbes

**토마스 홉스**

영국 맘스베리 1588~영국 더비셔 1679

『리바이어던(Leviathan)』, 1651
『물체론(On the Body)』, 1655
『인간론(Man and Citizen)』, 1658

자연권은 누구나 자신의 자연, 즉 자신의 생명을 보존하기 위해 본인의 힘을 원하는 대로 사용할 수 있는 자유다. 이는 스스로의 판단과 이성에 비추어 이 같은 목적에 가장 적합하다고 생각되는 모든 것을 행할 수 있는 자유다. 자유란 외적 장애가 없는 상태, 즉 각각의 개인이 자신에게 즐거움을 주는 일을 위해 행사하는 권력의 일부를 종종 강제적인 힘으로 빼앗아 가는 외적 장애의 부재를 뜻한다. 그러나 이러한 외적 장애도 남아 있는 권력을 자신의 판단과 이성에 따라 사용하는 것을 막지는 못한다.

—『리바이어던』

### 자연권이란 무엇인가?

스페인의 무적함대가 곧 침공한다는 소문으로 마을 전체가 공포에 휩싸였을 때 홉스의 어머니가 조산을 했다는 일화가 전해진다. 홉스는 대담한 사상과는 달리 1642년에 청교도 혁명이 일어나자마자 가장 먼저 영국을 떠났다고 회자될 만큼 겁이 많은 성격이었지만 이를 부끄럽게 여기지 않았다고 한다

논리학, 언어, 법률, 종교, 미학, 인간 본성 등의 방대한 주제를 아우르는 저서들을 남겼으며, 그의 저서들은 영국의 왕당파와 의회파가 대립하던 정치적 격변기를 대변한다. 그는 한때 프란시스 베이컨의 비서로 일했고, 갈릴레오 및 데카르트와 교류하였으며, 교회는 물론 옥스퍼드 대학과도 논쟁을 벌였다.

- 나는 공포와 쌍둥이로 태어났다.

- **인간은 다른 인간을 사냥하는 늑대다.**

- 미약한 욕망을 품는 것은
  얼간이 같은 짓이며
  모든 것을 욕망하는 것은
  방탕이거나 방종인 것처럼,
  욕망이 없는 것은
  죽은 것이나 마찬가지다.

- 욕망과 사랑은
  같은 것이다.

- 연민은 타인에게 닥친 재앙에 괴로워하는 것으로,
  자신에게도 이 같은 재앙이 닥칠 수 있다고 상상할 때 생겨난다.

- 이미 권력을 지닌 사람들의
  다정함은 권력의 수단이다.

홉스는 『리바이어던』을 통해 전제군주제가 이상적인 국가 형태라고 생각한다는 점을 밝혔다.

● 모든 인간은 자신에게
선한 것을 원하고
악한 것을 물리치며,
최고의 악인의 죽음은
특히 더 배척한다.
이 모든 것은 돌이 아래로
떨어지듯 자연스러운
충동에 따른 것이다.

● **때때로 우리는 어떤 일에 구미가 당기기도 하고,
똑같은 일인데도 혐오를 느끼기도 한다.
또한 할 수 있다고 느끼는 일도 시간이 지나면서
시도하기에 조바심이 나거나 두려움이 밀려오기도 한다.
이처럼 어떤 일을 성취하거나 불가능하다고 판단할 때까지
계속되는 모든 욕망과 혐오, 희망과 두려움의 총합을
우리는 '숙고'라 부른다.**

● 재능의 차이를 야기하는 열정들은 주로 권력과 부,
지식과 명예에 대한 크고 작은 욕망들이다.

# Max Horkheimer

## 막스 호르크하이머
독일 슈투트가르트 1895~독일 뉘른베르크 1973

『계몽의 변증법(Dialectic of Enlightenment)』, 1947
『도구적 이성 비판(Critique of Instrumental Reason)』, 1967
『사회철학의 현 상황(The Present Situation of Social Philosophy and the Tasks of an Institute for Social Research)』, 1931

현대 문명의 표면 아래에서 서서히 타오르는 고대 삶의
방식은 대부분 다른 것을 얻기 위한 수단이 아니라
그 자체로 어떤 것을 사랑할 때 느끼게 되는 모든 사랑의
표현과 매혹의 내재된 열기를 불러일으킨다.
정원을 가꾸는 기쁨은 신들을 위해 정원을 가꾸던
고대로 거슬러 올라간다. 자연은 물론 예술의 아름다움에
대한 감수성은 수천 개의 미세한 실들로 이러한
미신적 표상들과 연결된다. 만약 현대인이 이 실들을
끊어버린다면 잠깐은 즐거움을 보존할 수 있겠지만
내면의 삶은 사그라질 것이다.

―『도구적 이성 비판』

## 현대사회의 문제를 독창적으로 해석하다

유대인 제조업자인 아버지의 공장 일을 돕기 위해 학업을 중단했다. 이후 제1차 세계대전에 참전했고, 전쟁이 끝나자 고등학교를 마친 후 대학에서 철학과 심리학을 공부했다. 나치즘이 득세하자 스위스로 이주했고, 후에는 뉴욕으로 건너가 프랑크푸르트의 다른 망명 학자들과 합류하여 연구를 이어갔다.

아도르노와 더불어 비판 이론의 대표자로 불리는 호르크하이머는 마르크스주의의 일부를 받아들여 해방으로 귀결되는 사회 이론에 기여하고자 자본주의 문화에 대해 비판했다.

● 이성은 오직 인간이 생산하고 재생산하는 세계의 병폐를 있는 그대로 숙고함으로써 실현할 수 있다.

● 이 세상은 외양에 불과하며 절대적인 진리가 아니다. 신학은 이 같은 세상을 특징짓는 불의가 영원히 득세하지 않을 것이라 믿기에, 불의가 최종적인 결정일 리 없으며 살인자가 무고한 피해자에게 승리할 수 없을 것이라 생각하는 기대에 불과하다.

● 지구상에 기아와 빈곤이 존재하는 한 이를 지켜보는 사람은 평온함을 느끼지 못할 것이다.

● **진보와 변화를 따르는 대신 역사의 전진에 역행해 경직된 상태로 수 세기 동안 숭배되어온 사상들은 그 효력을 유지하게 만드는 힘이 무엇이든지 간에 진리가 기화된 채 공허한 이데올로기로 전락하게 된다.**

● 사유 자체는 고정관념으로 대체되는 경향이 있다.
고정관념은 기회가 찾아왔을 때 선택하거나
버릴 수 있는 순전히 실용적인 도구로 여겨지기도 하지만,
한편으로는 광적인 헌신의 대상이 되기도 한다.

● 인간의 판단은 모든 종류의 이해관계에
좌우될수록 한층 더 문화적 삶의
판관으로서 대다수에게 호소한다.
대다수는 대중 예술과 대중문학이라는
대규모 사기 산물에 이르기까지
모든 분야의 문화 더용물들을
정당화하는 임무를 띠기 때문이다.

● 궁핍과 굴욕을 겪는 사람이
너무 많은 나머지 대게의 경우
노력과 성공은 변명의 여지없이
지나친 불균형으로 나타난다.
이러한 관점에서 본다면
현재와 같은 지상의 질서가 유일하게
실제적인 것은 아닐 것이라는
희망도 이해가 간다.

독일 프랑크프루트에 있는 J. W. 괴테 대학교
캠퍼스 모습

# David Hume

데이비드 흄

스코틀랜드 에든버러 1711~1776

『인간이란 무엇인가(A Treatise of Human Nature)』, 1739
『인간의 이해력에 관한 탐구(An Enquiry Concerning Human Understanding)』, 1748
『도덕 원리에 관한 탐구(An Enquiry Concerning the Principles of Morals)』, 1751

어떠한 희생을 치르더라도 기필코 원칙을 지키겠다고
고집부리는 사람들과 논쟁하는 것은 온통 거짓투성이인
사람과의 논쟁을 제외한다면 아마 가장 성가신 일일 것이다.
거짓을 일삼는 사람들은 설사 자신이 옹호하는 의견을
믿지 않을지라도 다른 이들보다 우월한 예리함과 재능을
지녔다는 점을 보여주고 싶어서 억지로 주장을 전개한다.
이 같은 욕망 때문에 그들은 항상 반대를 일삼는 비뚤어진
근성으로 젠체하기 위해 논의를 싸움으로 변질시킨다.
이 두 가지 유형의 사람들에게서 모두 자신의 논리에 대한
집착과 상대편에 대한 경멸, 궤변과 허위의 통용을 위해
노력하는 열정적 맹렬함을 찾아볼 수 있다.

―『도덕 원리에 관한 탐구』

## 영국의 경험론을 완성하다

열두 살 때 에든버러 대학에 입학했다. 법학을 공부하기 원하는 부모의 바람과 달리 철학에 관심을 쏟았다. 전형적인 독학자였던 흄은 교수들의 가르침을 중요하게 여기지 않았고, 책에서 더 많은 것을 배울 수 있다고 생각했다.

그는 원인과 결과에 대한 우리의 믿음이 실제로는 습관, 관습, 감정에 좌우된다고 설명했는데, 이러한 그의 견해는 자연법칙이 지닌 불멸의 가치에 대해 문제를 제기하게 되었다. 흄은 모든 인식이 결국은 감각 경험에서 파생된 것이고, 유일한 인식의 원천인 감각 경험이 없다면 인식은 이루어질 수 없다고 확신했다.

○ 영혼과 육체의 결합보다 더 신비로운 원리가
자연에 또 존재할까?

○ 최초의 종교적 관념은 자연의 작품들에 대한
명상에서 비롯된 것이 아니라,
삶의 사실들에 대한 관심과 인간의 정신을
끊임없이 뒤흔드는 희망과 두려움에서 비롯되었다.

○ 우리는 진리가 느닷없이 찾아들고 모든 사건의 원인이
철저히 숨겨져 있는 거대한 극장과도 같은 세계에 속해 있다.

○ **우리 자신의 마음을 탐구하고 우리 주변에서 일어나는 일을
관찰한다면 인간은 행복하다고 느낄 때보다 슬픔을 느낄 때
더욱 자주 무릎을 꿇는다는 사실을 발견할 것이다.**

○ 이성은 열정의 노예이고, 또 그래야만 한다.

○ 많은 철학자는 당구공 하나가
다른 당구공과 부딪쳐 움직이는 것이
자연적인 이치 때문이라 설명하지 않는다.
대신 신께서 당신의 특별한 의지로
첫 번째 공을 밀어내
이 작용의 조건을 형성함으로써
두 번째 공을 움직이게 하셨고,
우주를 다스리는 데 있어서도
이와 일관된 방식으로
일반 법칙을 확립하셨다고 말한다.

데이비드 흄을 기리는 조각상이다. 1769년에 그는 에든버러에 돌아와서 토론회 등에서 친구들과 어울리고 출판되었던 저서들을 교정하거나 개작하며 남은 생을 보냈다.

○ 사물의 아름다움은 오직 그것을 바라보는 정신에 존재한다.

○ **기하학의 명제는 증명할 수 있고, 물리학의 체계는 이성적으로 논의할 수 있다. 그러나 시(詩)의 조화로움과 열정의 부드러움, 그리고 재능의 탁월함은 우리에게 즉각적인 쾌락을 선사한다.**

○ 종교 문제에서 실수는 위험하지만, 철학에서 실수는 그저 우스운 일일 뿐이다.

# Immanuel Kant

## 임마누엘 칸트
프로이센 쾨니히스베르크 1724~1804

『순수이성비판(Critique of Pure Reason)』, 1781
『도덕 형이상학을 위한 기초 놓기(Groundwork of the Metaphysics of Morals)』, 1785
『실천이성비판(Critique of Practical Reason)』, 1788

인간은 반사회적 사회성을 지녔다. 다시 말해 인간에게는
사회를 이루어 살려는 성향이 있는 반면, 사회를
분열시키려는 성향도 있는데 이는 반항심과 연결된다.
인간은 사회 속에서 한층 인간답게 느끼고 자신의
자연적 소질을 계발할 수 있다고 생각하기 때문에
사회에 소속되려 한다. 동시에 사회에서 떨어져
나오려고도 하는데 이는 자신의 내부에서 본인이
원하는 대로 모든 것을 처리하고 싶어 하는 반사회적
특성과 마주하기 때문이다. 이 같은 반사회적 특성을 지닌
사람은 자신이 다른 사람들에게 쉽게 저항한다는 사실을
알고 있기 때문에, 자연히 곳곳에서 저항에 부딪히게
되리라 믿는다.

—『세계 시민의 관점에서 본 보편사의 이념
 (Idea for a Universal History with a Cosmopolitan Purpose)』

## 비판철학과 인식론에 바탕을 둔 철학의 세계를 열다

철학 역사상 가장 위대한 독일 철학자 중 한 명으로 평가된다. 평생 쾨니히스베르크를 벗어나지 않았으며, 지독하게 규칙적이고 틀에 짜인 생활을 한 사람으로도 유명하다. 예를 들면 예외 없이 정해진 시각에 동일한 길을 따라 산책하는 습관이 있었다. 한 번은 루소의 『에밀』을 읽다가 책에 너무 깊게 빠져 처음으로 산책 시간을 어기게 되는 일이 발생하자 많은 쾨니히스베르크 시민이 놀랐다고 전해질 정도였다.

칸트의 저서들은 경험주의와 합리주의의 한계를 극복하고 인식의 문제에 새로운 해결책을 제시함으로써 철학에 '코페르니쿠스적 전환'을 가져왔다.

● 인간의 이성은 특정한 인식에 대해서는 회피하지도 못하고 해결하지도 못하는 특이한 운명을 타고났다. 이는 이성의 본성 자체가 스스로 부여하는 문제라서 피할 수도 없고 이성의 능력을 넘어서는 문제라서 해결할 수도 없기 때문이다.

● 그 어떤 철학도 배울 수는 없다. 그렇다면 철학은 어디에 있는가? 누가 철학을 소유했는가? 과연 어디에서 철학을 확인할 수 있는가? 우리가 배울 수 있는 것은 오직 철학을 하는 방법뿐이다. 다시 말해 보편적 원리를 준수하는 이성이 재능을 발휘하는 방법을 배울 수 있을 뿐이다.

● 철학자는 이성의 예술가가 아니라 인간 이성의 입법자다. 이러한 의미에서 자기 자신을 철학자라 명명하는 것은 굉장히 주제넘은 일이 될 것이다.

● **우리의 모든 인식은 감각에서 출발해 오성으로 이어지고 마지막으로 이성에서 끝난다. 직관의 재료를 만들고 그것을 사유라는 최고의 능력 아래에 놓으려 할 때 이성보다 상위에 있는 것은 없다.**

위대한 석학으로서 칸트의 면모는 인간의 행의 방식과 관련된 철학적 주제들 이외에도 겁철학, 윤리학 및 미학의 분야를 아우르는 그의 저서들에 잘 나타나 있다.

● 이성의 모든 관심은 다음
세 가지 질문에 집중된다.
무엇을 알 수 있는가?
무엇을 해야 하는가?
그리고 무엇을 희망할 수 있는가?

● 당신 자신은 물론 다른 모든 사람의 입장에서
항상 인간성을 목적으로 삼되,
동시에 한낱 수단이 되지 않도록 행동하라.

● **세상이라는 거대한 무대 위에서 인간들이 벌이는
분탕질을 보고 있자면 낙담하지 않을 수 없다.
산발적으로 엿보이는 신중함에도 불구하고
결국 인간사라는 융단은 광기와 유아적 허영심,
때로는 역시 유아적인 악행과 파괴적 열정의 실들로
짜이는 듯하다. 스스로에 대해 그렇게 드높은
관념을 소유한 인간 종족에게 도대체 어떤 개념을
부여해야 할지 우리는 알지 못한다.**

# Søren Kierkegaard

## 쇠렌 키에르케고르

덴마크 코펜하겐 1813~1855

『공포와 전율(Fear and Trembling)』, 1843
『이것이냐 저것이냐(Either/Or)』, 1843
『반복(Repetition)』, 1843
『불안의 개념(The Concept of Anxiety)』, 1844

만약 인간에게 영원에 대한 의식이 없다면, 어두운 열정으로 되돌아가 모든 것을 생성하는 고삐 풀린 야만의 힘만이 만물의 기초라면, 존재가 절망 이외에 다른 무엇이 될 수 있었겠는가? 인류의 화합을 유지해주는 신과의 유대가 없다면, 숲이 시든 나뭇잎을 새잎으로 갈아치우듯 인간들도 그저 세대에서 세대로 이어지는 것뿐이라면, 배들이 바다를 지나고 폭풍이 사막을 휩쓸고 지나가듯 인간들도 그저 이 세상을 스쳐 가는 존재에 지나지 않는다면, 탐욕스러운 영원한 망각이 모든 것을 잡아채는데도 그 망각으로부터 약탈품을 되찾아올 힘이 없다면, 존재란 얼마나 공허하고 침통할 것인가!

—『공포와 전율』

## 실존주의를 창시하다

독실한 개신교 신자였던 쇠렌 키에르케고르의 아버지는 항상 죄의식에 사로잡혀 있는 암울한 사람이었다. 이런 부친의 집착은 그의 철학에 막대한 영향을 미쳤고, 인간이 삶과 대면했을 때 경험하게 되는 감정들을 집중적으로 연구하게 만들었다. 코펜하겐에서 신학과 철학을 공부했고, 그곳에서 헤겔의 저서들을 접한 후 헤겔 사상에 대한 뛰어난 비판 능력을 보이기도 했다. 특히 레기네 올젠과의 불운한 사랑처럼 고통스러운 경험은 극적이고 시적인 힘을 지닌 그의 철학 저서에서 잘 배어난다. 글을 쓸 때 허구의 인물을 창조하거나 필명을 사용하며 우화와 경구 혹은 가상의 편지오·일기 등의 형식을 자주 사용하였다. 신앙의 본질과 같은 종교적 문제를 다룬 그의 저서들은 많은 철학자와 현대 작가들에게 강력한 자극이 되었다.

● 나는 신이 사랑이라고 확신한다.
나에게 이러한 생각은 근본적으로
사랑의 시와도 같은 서정적 유효성을 띤다.
신에 대한 확신이 들 때 나는
깊이 축복받았다고 느끼고,
이 확신이 부족할 때는
마치 연인을 그리는 듯한
열망으로 확신을 갈구한다.

● 이 세계에서는 어떠한 방법으로 재물을 축적하든
재물의 주인이 될 수 있지만 영적 세계에서는
절대 그러한 일이 일어나지 않는다.

● 사랑은 모든 것을 믿지만 결코 속지 않는다.

● 항상 최선을 기대하는 사람은
삶이 안기는 환멸에 쉽사리 늙게 마련이며,
항상 최악을 각오하는 사람은 젊어서도
제 나이보다 빨리 늙는 법이다.
오직 믿음을 지닌 사람만이
영원히 젊음을 간직한다.

키에르케고르가 쓴 자필 원고. 키에르케고르는 독자에게 자신이 쓴 글의 의미를 찾아내는 과제를 남기곤 했다. 그러면서 "오직 어려움만이 고상한 마음에 영감을 불어넣을 수 있기에 과제란 무릇 어려워야 한다"라는 달을 남겼다.

삶의 불행과 위험을 모르지는 않지만
나는 그것들이 두렵지 않다.
두려움 없이 그것들과 맞서기 위해
나는 오늘도 나아간다.

오로지 저급한 자연만이 자기 자신을 잊어버리고
새로운 무언가로 변신한다.
예전에 애벌레였다는 사실을 잊어버린 나비는
언젠가 자신이 나비라는 사실조차 잊어버릴 것이다.
그러나 심원한 자연은 결코 자기 자신을 망각하지 않으며,
본래 자신의 모습 외에 다른 그 어떤 것으로도 변하지 않는다.

전체를 체계화하려는 사람은 장엄한
성을 지어놓고 정작 자신은 성 옆에
있는 문지기의 집에 사는 사람과 같다.
이러한 사람은 절대 스스로 쌓아올린
위대한 체계의 성에 살지 못한다.
그러나 영적인 관점에서 볼 때 인간의
사유는 그 자신의 거처가 되어야 한다.

# Thomas Kuhn

**토마스 쿤**
미국 신시내티 1922~미국 보스턴 1996

『코페르니쿠스 혁명(The Copernican Revolution)』, 1957
『과학혁명의 구조(The Structure of Scientific Revolutions)』, 1962
『본질적 긴장(The Essential Tension)』, 1977

혁명이 일어나는 동안 과학자들은 이미 과거에 연구했던
곳에서 친숙한 도구들을 사용해 관찰하면서도 새롭고
색다른 것들을 보게 된다. 이는 과학자로만 구성된 전문가
집단이 돌연 다른 행성으로 옮겨가는 것과 비슷하다.
그곳에서 그들은 친숙한 것들을 전혀 다른 각도에서
보게 되는데 거기에 미지의 새로운 대상들까지 가세한다.
물론 이 같은 일이 실제로 벌어지는 것은 아니며,
지리적 이식 같은 것도 없다. 연구실 밖에서 과학자들의
일상은 예전과 다름없이 계속된다. 그럼에도 패러다임의
변화는 과학자들이 자신의 고유한 연구 세계를
전혀 다른 방식으로 바라보게 만든다.

—『과학혁명의 구조』

## '패러다임' 개념을 창시하다

하버드 대학에서 철학과 이론물리학으로 박사 학위를 받았다. 모교인 하버드 대학을 비롯하여 버클리, 프린스턴, 보스턴의 MIT 대학에서 철학과 과학사를 강의했다. '패러다임'이라는 개념의 창시자로, 1960년대 과학철학의 연구 방향에 커다란 변화를 일으켰다.

그는 선배 철학자 칼 포퍼가 옹호했던 과학의 객관성과 가치 중립성보다는 과학 연구의 정치성 및 인식 과정의 가치 편향성을 더 많이 고려하는 방향으로 나아갔다. 또한 과학사를 고찰한 결과, 평화적이고 보수적인 시기의 과학은 과학자들의 개념 세계에 일대 전환을 가져오는 획기적인 혁명들로 인해 중단되거나 변화를 겪으며 발전해왔다고 주장했다.

● 과학혁명은 기존의 것과는 양립 불가능한 새로운
  패러다임이 완전히 혹은 부분적으로
  과거의 패러다임을 대체하는 비누적적인 발전이다.

● 과학혁명은 혁명으로 타격을 입는 패러다임의
  옹호자들에게만 혁명적으로 보이게 마련이다.
  과학의 외부에 있는 사람들에게는
  20세기 초에 발칸반도에서 일어난 혁명처럼
  그냥 정상적인 발전 과정의 일부로 보일 수 있다.

● 복사 이론 혹은 음극선관을 연구한 켈빈, 크룩스,
  뢴트겐 같은 사람들에게 기존의 패러다임에 위배되는
  X선의 출현은 필연적으로 새로운 패러다임으로
  이끄는 결과를 가져왔다. 이처럼 X선을 발견할 수
  있었던 것은 바로 기존의 정상 연구에서 무엇인가
  제대로 해결되지 않는 점이 있었기 때문이다.

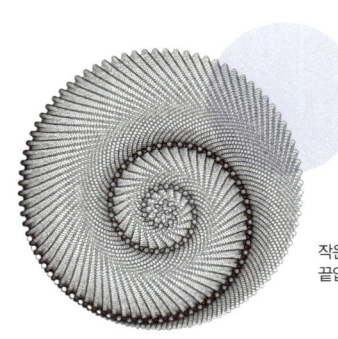

작은 구조가 전체 구조와 비슷한 형태로
끝없이 되풀이되는 구조의 프랙탈

**서로 대립·경쟁하는 정치 제도 중에서
한 가지를 선택할 때와 마찬가지로
서로 경쟁 관계에 있는 패러다임들 중에서
하나를 선택하는 것은 양립할 수 없는
공동체의 생활양식 중 하나를 택한다는 의미다.**

하나의 패러다임을 선택하기 위해 응당 거쳐야 하는
방식대로 여러 패러다임이 논쟁에 돌입하면,
각 패러다임의 기능은 불가피하게 순환성을 띠게 된다.
이는 그룹마다 제각기 자신의 패러다임을 확증하기 위해
고유의 패러다임을 사용하기 때문이다.

기포상자의 사진을 관찰할 때 학생은
혼란스럽게 뒤엉켜있는 분절된 선들을 보지만,
물리학자는 자신에게 친숙한 원자핵보다 작은
소립자들의 궤적을 본다.
학생은 수차례의 시각 변형 과정을 거친 후에야
비로소 과학자 세계의 일원으로 변모하게 되며,
그제야 과학자가 보는 것을 보고 과학자가
반응하는 양식으로 반응하게 된다.

# Gilles Lipovetsky

## 질 리포베츠키

프랑스 파리 1944~

『공허의 시대(The Age of the Void)』, 1983
『패션의 제국(The Empire of the Ephemeral)』, 1987
『제3의 여성(The Third Woman)』, 1997

심리학자들은 19세기에 정신분석학의 토대가 되었던 고전적 신경증의 히스테리, 공포, 강박관념은 이제 더 이상 지배적인 증상들이 아닌 반면, 나르시시즘적 인격 장애는 이십오 년 혹은 삼십 년 전부터 치료사들이 접하게 된 정신 질환의 대부분을 차지하고 있다는 점에 합의했다. 나르시시즘적 인격 장애는 뚜렷하게 정의할 수 있는 증상은 없지만, 모든 부분으로 파고드는 광범위한 불쾌감, 내적 공허감, 삶이 부조리하다고 느끼는 감정 혹은 대상과 존재를 느끼지 못하는 무력감이 주요한 특징이라고 할 수 있다.

—『공허의 시대』

## 대중문화에 대해 쓰고 말하다

질 리포베츠키는 프랑스 정부의 사회분석위원회 및 교육부의 국가교육과정위원회 회원을 역임하고 현재 그르노블 다 학의 철학과 교수로 재직하고 있다.

리포베츠키가 제시한 주요한 논제는 전통적인 철학자들이 플라톤의 동굴 속에 있는 죄수처럼 너무 오랜 시간 실재하지 않는 형식에 얽매인 나머지 결국 자신이 속한 시대의 괴리되었다는 지적이다. 그로 말미암아 철학자들은 오늘날 대중문화로 특징지을 수 있는 사회와 동떨어진 사고를 하게 되었다고 주장하면서 구체적인 현실을 연구하는 데 눈을 돌리자고 제안한다.

○ **이제 누구도 혁명과 진보의 찬란한 미래를 믿지 않는다.
사람들은 즉각적인 삶, 지금 여기의 삶을 원하고
젊음을 유지하길 바라며 더 이상
새로운 인간을 형성하려 하지 않는다.**

> ○ 침묵, 분석가의 죽음. 창도 문도 없는
> 순환성에 갇혀 해석의 대상이 되는 동시에
> 스스로 해석자가 되는 우리는 모두 분석가다.
> 돈 후안은 죽었다. 그리고 한층 더 무시무시한
> 새 인물이 떠올랐다. 유리관 속의 자기 모습에
> 매료된 나르시스가 바로 그 인물이다.

○ 스펙터클이 지배하는 시대에 진실과 거짓,
아름다움과 추함, 현실과 환상, 의미와 무의미 같은
뚜렷한 이율배반은 연기처럼 사라져버린다.

○ 표현의 수단이 크면 클수록
정작 이야기할 내용은 적어진다.

리포베츠키는 대중문화의 허당함과 경박함에 대한 연구뿐 아니라, 유행과 그에 따라 변화하는 기호가 현 시대의 개인주의와 어떠한 관계를 맺고 있는지에 대한 연구도 수행했다.

## 예술로 소란이 벌어지던 행복한 시절은 이제 끝났다.

- 형이상학자나 반형이상학자에게는 개탄할만한 일이겠지만, 이제 사람들은 목표나 의미가 없는 삶이 가능하다는 사실을 이해하기 시작했다.

- 우리는 이처럼 많은 것을 조직하고 세우고 축적하였음에도 다른 한편으로는 허무함을 느낀다. 허무(虛無)에 대한 열정으로 지금처럼 고통받았던 적이 또 있었는가?

## 누구나 혼자이길 요구하고 점점 더 혼자가 되어가지만, 동시에 홀로 자기 자신을 대면하는 것은 견디지 못한다.

# John Locke

### 존 로크
영국 서머싯 1632~영국 에식스 1704

『통치론(Two Treatises of Government)』, 1689
『관용에 관한 편지(A Letter Concerning Toleration)』, 1689
『인간지성론(An Essay Concerning Human Understanding)』, 1690

인간은 사회에 소속됨으로써 자연 상태에서 누렸던 평등, 자유, 집행권을 포기하고, 입법권이 사회의 안녕을 위해 필요한 대로 사용할 수 있도록 이 모든 것을 사회 자체의 손에 일임한다. 하지만 이 같은 포기는 오직 개개인이 자신과 자신의 자유 및 재산을 한층 개선된 방식으로 보호하려는 배타적 의도에서 이루어진 것이다. 그 어떤 이성적 피조물도 악화되길 바라는 마음에서 상황을 바꾼다고 가정할 수는 없기 때문이다.

— 『통치론』

## "정부의 목적은 인류의 복지다"

많은 사람에게 자유주의의 아버지이자 경험론의 선구자로 추앙받는다. 본유 관념의 존재와 결정론을 부정하고 지식은 감각적 경험에 뿌리를 둔다고 주장했다. 또한 종교를 사적이고 개인적인 문제로 간주함으로써 인간관계에 영향을 미치게 해서는 안 된다고 생각했다. 옥스퍼드에서 수학했지만, 당시 지배적 사상이었던 스콜라철학을 비판했다. 정치사상 면에서 정치권력은 시민에게서 나온다는 주권재민을 옹호했고, 사유재산은 반드시 지켜야 할 국가의 사명으로, 시민의 기본권이라고 주장했다.

## 진지하게 진리를 찾고자 하는 사람은
## 가장 먼저 마음이 진리를 사랑할 준비를 해야 한다.

본래 마음은 아무런 글자도 쓰이지 않고
그 어떤 관념도 없는 깨끗한 백지라 가정하자.
그렇다면 마음은 어떻게 관념을 갖게 되는 것일까?
능동적이고 무제한적인 인간의 상상력 덕분에
거의 무한에 가까운 다양성으로 그려 넣는
이 경이로운 관념들의 축적은 대체 어디에서 비롯된 것일까?
이성과 인식의 이 모든 재료들을 도대체 어디서 꺼내오는 것일까?
나는 이 같은 질문에 단 하나의 단어로 대답한다.
그것은 경험이다.

> 스승의 가장 큰 능력은
> 제자의 관심을 촉진하고
> 유지하는 것이다.

> 사회에서 인간의 자유는
> 국가의 중심부에서 동의를 통해
> 제정된 입법권을 제외하고
> 그 어떤 권한에도 종속되지 않는다.

인간에게는 자기 자신과 사유 재산을 마음대로 할 수 있는,
통제받지 않는 자유가 있다. 단, 자기 자신이나 타인을 파괴할
자유는 없으며 예외는 자기 보존보다 고귀한 목적을 이루기 위해
꼭 필요한 경우로 제한한다.

그의 비문은 다음과 같은 말로 시작한다.
"나그네여, 걸음을 멈추게. 이곳에 존 로크
가 잠들어있다네. 그가 어떤 사람이었는지
묻는다면 로크는 이렇게 대답하리라. 나는
평범한 삶에 만족하는 사람이었다네."

- **모든 인간은 똑같이 자연의 혜택을 누리고
동일한 능력을 행사할 수 있도록 구분 없이 태어났으며
같은 종류의 동일한 지위를 지닌 존재로서
서로 종속되거나 예속되는 일 없이 동등하다.**

- 자연 상태에서는 모든 사람을 지배하고 강제하는
자연법이 존재하는데, 이것은 곧 이성이다.
이성은 이성에 의거하기를 원하는 모든 사람에게
우리가 모두 동등하고 독립적이라면 누구도 타인의 삶과 건강,
자유와 재산에 해를 입혀서는 안 된다고 가르친다.

- 인간은 항상 행복이 마음가짐의 문제이고
상황에 따른 것이 아니라는 사실을 잊어버린다.

# Jean-Francois Lyotard
## 장 프랑수아 리오타르
프랑스 베르사유 1924~프랑스 파리 1998

『리비도 경제(Libidinal economy)』, 1974
『포스트모던적 조건(The Postmodern Condition: A Report on Knowledge)』, 1979
『분쟁(The Differend)』, 1983

절충주의는 현대 문화의 일반을 가늠할 수 있는 영점과 같다. 우리는 레게 음악을 듣고, 서부 영화를 보고, 점심은 맥도널드에서 햄버거로 끼니를 때우고, 저녁은 향토 음식을 먹으며, 도쿄에서 파리풍의 향수를 뿌리고, 홍콩에서 복고풍으로 옷을 차려입는다. 이런 상황에서 지식은 그저 텔레비전 퀴즈 프로그램의 소재에 지나지 않는다. 절충주의 작품들을 좋아하는 대중을 찾는 것은 쉬운 일이다. 키치를 내세우는 예술은 애호가들의 '기호'에 군림하는 무질서에 아첨하고 예술가, 큐레이터, 비평가, 대중은 일제히 '무슨 상관이야'라는 주제에 만족한다. 그러나 실상 '무슨 상관이야'라는 식의 사실주의는 다름 아닌 돈의 사실주의다.

— 『아이들에게 설명하는 포스트모더니티(The Postmodern explained to children)』

## 포스트모더니즘을 말하다

구소련의 공산주의가 지향했던 스탈린주의에 반대한 프랑스 좌파 지식인 조직인 '사회주의 또는 야만'의 일원이었다. 국제철학학교의 총장을 역임했고, 파리 대학에서 강의를 하다가 명예교수로 퇴직하였다.

1973년부터 서서히 마르크스주의와 정신분석학에서 벗어나 포스트모더니즘을 연구하기 시작했으며 오늘날에는 포스트모더니즘의 아버지로 간주된다. 그는 인류의 역사 발전에 의미를 부여하려던 거대 담론이 지배하던 시대가 이제는 종말을 맞았다고 주장했다.

○ 사유의 과제는 사유하는 것이다.

○ **안다는 것이 무엇인지 결정하는 것은 누구이며,
어떤 결정을 내리는 것이 이로운지 누가 알고 있는가?**

○ 이제 지식은 아는 것
그 자체를 목적으로 삼지 않는다.

○ 그 어떤 사유도 아우슈비츠가
의미했던 바를 깨닫지 못했다.

○ **말은 전투다.**

리오타르는 '무슨 상관이야'라는 식의 소비
주의에 맞설 수 있는 가치가 바로 포스트모
더니즘이라고 주장했다.

'포스트모더니즘'을 최대로 단순화하면
메타 서사들에 대한 불신으로 요약할 수 있다.

**포스트모더니즘 예술가와 작가는
철학자와 같은 입장에 처해 있다.
그들의 글과 작품은 원칙적으로
기존에 확립된 규칙에 지배받지 않고,
규정적인 견해나 이미 알려진 범주를
적용함으로써 판단할 수 없기 때문이다.**

우리 앞에 중대한 과제가 놓여 있음을 깨닫는다.
인류가 평소 자신에게 요구하는 것 이상으로
느끼고 이해하며 더 독합적으로 사유할 수 있도록
하는 수단들에 적응할 수 있는 조건을
형성하는 것이 바로 그 과제다.
이 과제는 적어도 단순주의, 단순화하려는 구호들,
분명함과 용이함에 대한 요구들, 안전한 가치들을
회복하려는 욕망들에 대한 저항의 뜻을 담고 있다.

M
-
Z

# Niccolo Machiavelli

## 니콜로 마키아벨리

이탈리아 피렌체 1469~1527

『로마사 논고(Discourses on Livy)』, 1512~1517
『군주론(The Prince)』, 1513
『전술론(The Art of War)』, 1519~1520

군주는 법과 힘이라는 두 가지 자원을 잘 활용할 줄
알아야 한다. 법은 인간에게서 비롯된 것이고, 힘은
근본적으로 동물에게 속한 것이다. 이 두 가지를 모두 잘
사용할 줄 아는 것은 군주에게 필수 불가결한 덕목이다.
이것이 바로 고대 선인들이 군주에 대해 남긴 가르침이다.
고대의 작가들은 아킬레우스를 비롯한 많은 군주가
어릴 적에 반인반마인 케이론에게 맡겨져 그의 규율에
따라 교육받으며 성장했다고 전한다. 이 같은 우의(寓意)는
바로 고대인들이 자신의 훈육자로서 반은 짐승이고
반은 사람인 스승을 모셨다는 사실을 의미한다.
다시 말해, 군주는 법과 힘의 본성을 모두 사용할 줄
알아야 한다는 뜻이다.

—『군주론』

## 군주의 조건에 대해 분석하다

이탈리아의 르네상스 당시 가장 중요한 정치 이론을 전개했다는 평가를 받고 있는 인물로, 피렌체 공화국의 외교관이었다. 이탈리아와 프랑스의 주요 정치 지도자들 및 성직자들과 교류하다가 1512년에 공화제가 무너지자 정계에서 물러나 저술 작업에 몰두했다. 오늘날 그의 저서들은 근대 정치철학의 기원으로 인정받고 있다.

마키아벨리의 사상을 관통하는 중심 개념은 권력이다. 정치의 자립이 자연의 왕국에 속하지 않는 인간 행위의 산물이라 확신하며 정치를 자유와 지략의 영역에 놓아야 한다고 주장했다.

- 경치를 화폭에 담으려는 화가는 계곡들을
한눈에 내려다보면서 완벽하고 분명하게
구분할 수 있도록 산에 올라야 한다.
그러나 산자락 전체의 범위를 가늠하려면
반대로 계곡의 심연에 있어야 한다.
정치에서도 종종 이와 유사한 일이 벌어진다.
각 국가의 특성을 알려면 군주가 되어야 하지만,
그 내면을 들여다보려면 백성들과 더불어 살아야 한다.

- 군주는 군대의 질서와 규율을 육성하는 것 외에
다른 목적을 가져서도, 두둔해서도 안 되며,
여타의 책략을 수립해서도 안 된다.

- 전사와 전사가 아닌 사람 사이에는 그 어떤 균형도 있을 수 없다.
무장한 사람은 무장하지 않은 사람에게 순순히 복종하지 않고,
무장하지 않은 주인은 무장한 하인들 사이에서 안전할 수 없다.
우리는 이 점을 이성과 경험으로 배워 익히 알고 있다.
한 사람의 가슴에서 솟아나는 경멸과 또 다른 사람이 품은
의혹의 기운 때문에 그 둘이 힘을 합쳐 좋은 결과를 내는 일은
불가능하다.

마키아벨리는 공화제를 추종했기 때문에 모든 공동체에는 백성들의 이해와 위인들의 이해라는 두 종류의 상충된 이해관계가 존재한다고 보았다.

선하지 않은 사람들에게
둘러싸여 있으면서도
기필코 선한 사람으로
남으려는 군주는
파국으로 치달을 수밖에 없다.

이탈리아의 피렌체에 있는
니콜로 마키아벨리 동상

군주는 백성들을 단결시키고 그들이 마땅히 지녀야 할
군주에 대한 믿음을 저버리지 않도록 할 수 있는
모든 것을 동원해야 한다. 따라서 필요하다면 잔혹한
군주라는 불명예를 안는 것도 두려워해서는 안 된다.
군주의 지엄함을 드러내기 위해 본보기를 보이는 것이
과도한 관용을 베풀어 도둑질과 범죄로 들끓는
무질서 상태가 되도록 묵과하는 것보다 훨씬 자애롭다.

### 군주가 모든 덕을 갖출 필요는 없지만 그렇게 보일 필요는 있다.

목적은 수단을 정당화한다.

# Karl Marx

**칼 마르크스**

프러시아 트리어 1818~영국 런던 1883

『경제학-철학 수고(Economic and Philosophic Manuscripts)』, 1844
『공산당 선언(The Communist Manifesto)』, 1848
『자본론: 정치경제학 비판(Capital: Critique of Political Economy)』, 1867~1894

우리 공산주의자는 각자가 노동의 결실로 얻은 사유재산을 폐지하려 한다는 비난을 받아왔다. 사유재산이라 함은 부르주아지의 저산 형태에 선행했던 소농민과 소상인, 소생산자의 재산을 말하는가? 이것이라면 폐지할 필요조차 없다. 산업의 발전이 이미 이 일에 착수했으니까. 그렇다면 현대 부르주아의 사유재산을 뜻하는가? 그도 아니라면 임금 노동자의 노동, 프롤레타리아의 노동이 그 자신을 위한 재산을 형성할 수 있다고 보는 것인가? 결단코 그렇지 않다. 프롤레타리아가 창출하는 것은 오직 자본뿐이다. 다시 말해 임금 노동을 착취하는 재산, 오로지 또 다른 착취를 위해 새로운 임금 노동을 양산하는 조건에서만 증식할 수 있는 자본뿐이다.

―『공산당 선언』

## 프롤레타리아의 적극적인 참여를 호소하다

과학적 사회주의 이론의 아버지라고 불린다. 철학, 역사학, 사회학, 경제학을 포괄적으로 연구한 인물로 현대의 사회 정치사를 이해하는 데 필수적인 사상가다. 베를린에서 철학을 공부한 그는 사회의 현실 문제들에 관심을 갖기 시작했고, 반정부 신문의 편집장이 되었으나 검열로 인해 신문이 폐간되었다.
1843년에 파리로 망명한 후, 그곳에서 평생의 친구이자 동지가 된 프리드리히 엥겔스를 만났다. 하지만 혁명가라는 낙인이 찍혀 프랑스에서도 추방되었다. 이후 브뤼셀에 정착한 뒤 공산주의자 동맹을 결성하고 여러 권의 저서를 집필했다. 1849년에 브뤼셀에서도 추방령이 떨어지자 마지막으로 런던에 정착했으며, 그곳에서 제1인터내셔널이라는 조직을 창립하고 자신의 역작인 『자본론』을 저술했다.

○ **자본주의는 종교적 열정, 기사도적 정열, 쁘띠부르주아의 감상주의가 만들어낸 거룩한 환희를 이기적 타산의 차디찬 빙하수에 처박아버렸다. 또한 개인의 자유를 한낱 교환의 가치로 축소함으로써 그간 연구를 통해 공고히 다져온 무수한 자유를 없애버리고 그 자리에 교역이라는 단 하나의 자유를 내세웠다. 한 마디로 자본주의는 정치적 · 종교적 환상에 싸여 있던 착취를 노골적이고 적나라한 착취, 직접적이고 뻔뻔스러운 착취로 대체했다.**

○ 노동자는 많은 부를 생산할수록,
그리하여 생산력과 생산량이
증가할수록 점점 더 가난해진다.
노동자는 더 많은 상품을 생산할수록
그만큼 값싼 상품으로 전락한다.
인간세계의 가치 하락은
물질세계의 가치 상승에 정비례한다.
노동은 상품을 생산하는 데 그치지 않고
일반적인 상품 생산에 비례하여
노동자 역시 상품으로 생산한다.

리투아니아의 숲에 있는
칼 마르크스 동상

● 분명 노동은 부자들에게 경이로운 재화를 생산해주지만,
노동자에게는 궁핍만을 양산한다. 노동으로 성을 쌓고
아름다운 재화를 만들어도 노동자에게 돌아가는 것은
허름한 오두막과 일그러진 물건들뿐이다.

● 노동자가 노동에 전력을 다할수록
그 앞에 창조되는 낯선 물질세계는
더욱 강력해지고, 노동자 자신과
그의 내부 세계는 점점 가난해진다.
그래서 열심히 일해도 노동자 자신에게
귀속된 것은 점점 더 적어진다.
이는 종교에서도 다찬가지다.
인간이 신에게 많이 의탁하면 할수록
그 자신에게 남는 것은 한층 적어진다.

● 종교에서는 인간의 환상 혹은
인간의 정신과 마음에서 비롯된 행위를
신이나 악마가 저지른 짓인 양
그 자신과는 별개인 낯선 행동으로 간주한다.
이와 마찬가지로 노동자의 노동 행위는
자신에게 속한 고유한 행위가 아니라
다른 사람에게 귀속된 것으로 결국
자기 자신을 잃어버리게 만든다.

『자본론』의 표지. 1830년에 자본주의의 첫 번째 최대 위기를 지켜본 마르크스는 혁명적인 변화를 꾀하고자 이 으기를 설명하는 경제 이론을 전개하여 프롤레타리아의 적극적인 참여를 호소했다.

# Maurice
# Merleau-Ponty

**모리스 메를로퐁티**

프랑스 쉬르메르 로슈포르 1908~프랑스 파리 1961

『지각의 현상학(Phenomenology of Perception)』, 1945
『의미와 무의미(Sense and Non-sense)』, 1948
『보이는 것과 보이지 않는 것(The Visible and the Invisible)』, 1964

하늘의 푸름을 응시하는 나는 그 앞에서 관조하는
탈우주적 존재가 아니다. 나는 사유에 푸름을 소유하지도,
자신의 비밀을 털어놓을 푸름에 대한 관념을 명백히
밝히지도 않는다. 오히려 내가 푸름에 자신을 맡기고
그 신비 속으로 빠져들면 푸름이 나를 생각한다.
나는 이제 그 자체로 존재하기 위해 합치고 모으며
자리 잡는 하늘이 되고, 나의 의식은 이 무한한 푸름 속에
박힌다. 하지만 하늘에게는 영혼이 없는데 그 자체로
존재한다는 말이 무슨 의미가 있을까? 실제로 지리학자와
천문학자의 하늘은 하늘 그 자체를 위해 존재하지 않는다.
그러나 지각되거나 감각된 하늘은 전체의 각 부분이
여타의 다른 부분에서 일어나는 모든 일을 지각할 수
있는 한 그 자체를 위해 존재한다고 말할 수 있다.

―『지각의 현상학』

## "지각은 지각된 것을 통해 성립한다"

에드문트 후설의 현상학을 계승했다. 인간이 사회와 맺는 관계와 지각에 있어서 몸이 지니는 중요성에 대해 연구했다. 사르트르와 같은 대학에서 공부했는데, 오늘날 이 두 사람은 실존주의의 창시자로 평가받는다.

제2차 세계대전이 끝난 후 리옹 대학을 거쳐 콜레주 드 프랑스의 철학 교수가 되었고, 소르본 대학에서 아동 심리학을 가르치기도 했다. 1945년부터 1853년까지 사르트르, 보부아르와 함께 잡지 「현대(Les Temps Modernes)」를 창간하여 정치 논설위원으로 활약했으나 이후 정치적인 문제로 그들과 갈라섰다.

● 지각은 지각된 것을 통해 성립한다.
단, 지각된 것은 분명 지각을 거치지 않고서는
얻을 수 없기 때문에 실상 우리는
지각된 것도 이해하지 못한 채 끝나버린다.

● 나의 눈과 귀는 몸의 촉발 기관일 뿐
지각 자체는 아니다.
나의 눈은 보고 나의 손은 만지며
나의 다리는 아픔을 느끼지만,
이 같은 순진한 표현들이
나의 진정한 경험을 말해주지는 않는다.

● 나의 몸은 무수한 사물 가운데에 있는
또 하나의 사물로 세상의 짜임에 갇혀 있고,
몸의 응집력은 사물들이 지닌 것과 다르지
않다. 단, 몸은 보고 움직일 수 있는 덕분에
주변의 다양한 사물에 둘러싸이게 되고
이 사물들은 몸의 부속물 혹은 연장(延長)이
된다. 몸의 살 속에 끼워져 있는 사물들은
몸의 완전한 정의를 구성하는 일부이며,
세계는 몸과 동일한 재료로 이루어져 있다.

● **우리의 몸은 존재하지 않는 것을 보는 힘이 없다.
오직 우리가 보는 것을 믿게 해줄 뿐이다.**

메를로퐁티의 사망 소식을 들은 사르트르는 「살아 있는 메를로퐁티」라는 글을 발표하여 그의 죽음을 애도했다.

● 나는 한 각도에서 옆집을 본다. 센 강의 반대편 강가에 있는 다른 사람은 나와는 다른 형식으로 그 집을 볼 것이다. 또한 집의 내부에서 본 집은 세 번째 형식을 띨 것이고, 비행기에서 내려다본 집은 또 다른 네 번째 형식이 될 것이다. 그러나 집 자체는 이 같은 출현들 중 그 어떤 것도 아니다. 집은 그 자체에서 모든 조망이 파생되는 조망 없는 항(項)이기 때문에 그 어디서도 볼 수 없다.

● 나는 초월적 사물이라 언급할 때 그 사물을 소유할 수 없고 에워쌀 수 없으며 무엇인지도 알지 못하지만 명백히 존재한다는 사실만은 맹목적으로 긍정한다는 의미로 사용한다.

● 마르크스가 말했듯이 실제로 역사는 머리로 나아가지 않는다. 하지만 그렇다고 해서 발로 생각하는 것 또한 아니다. 우리는 머리도, 다리도 아닌 역사의 몸에 집중해야 한다. 그 어떤 사상가도 그것이 무엇인지부터 생각하지 않고서는 사유할 수 없다는 점을 고려할 때 모든 이론에 대한 경제·심리학적 설명은 진실이라 할 수 있다.

# John Stuart Mill

### 존 스튜어트 밀

영국 런던 1806~프랑스 아비뇽 1873

『자유론(On Liberty)』, 1859
『공리주의(Utilitarianism)』, 1863
『여성의 종속(The Subjection of Women)』, 1869

사회적 자연적 조건들은 한결같이 여성이 남성의 권력에
맞서 집단으로 대항하는 것을 거의 불가능하게 만든다.
여성의 처지는 종속 상태에 놓인 다른 계급의 하인들과는
전혀 다른데, 주인을 떠받드는 일은 물론이고 그보다
많은 것을 요구받기 때문이다. 여성의 복종만으로 만족할
줄 모르는 남성은 여성이 자신의 감정에 소유권을 행사하는
것조차 용납하지 않는다. (실로 짐승 같은 자들을 제외한) 모든
남성은 같이 사는 여성이 노예로서 복종하길 원할 뿐만
아니라 자신을 만족시키는 사랑스러운 오달리스크가
되어주길 바란다. 따라서 남성은 여성의 영혼을
비천하게 하는 동시에 그녀의 육체를 아름답게 만드는 데
도움이 되는 일이라면 그 무엇도 마다하지 않는다.

—「여성의 종속」

### "만족한 돼지보다 불만스러운 인간이 낫다"

스코틀랜드 출신의 경제학자인 제임스 밀의 아들로 태어나 영국 공리주의의 아버지로 불리는 제러미 벤담의 양자가 되었다. 훗날 빅토리아 여왕 시대를 대도하는 영국의 철학자로 부상했다. 경제학자이자 정치가였던 그는 영국 의회의 의원을 역임했는데, 당시 여성의 참정권과 노예 제도의 철폐 등의 다양한 사상을 실현하고자 힘썼다.

계몽주의 및 독일 낭만주의에 대한 서적들을 탐독하며 지적 자양분을 얻어 대부였던 벤담의 공리주의 사상을 심화시키는 데 기여했다. 또한 효용의 개념을 정립하는 과정에서 지적·심미적·상상적 쾌락에 중요성을 부여했고, 행복의 원천으로서 교육의 역할을 강조했다.

효용, 즉 최대 행복의 원리를 도덕의 기초로 수용하는 신조는
인간의 행위가 행복의 증진에 비례하면 옳고,
행복에 반하는 결과를 초래하면 그만큼 그르다고 주장한다.
이때 행복은 곧 쾌락으로 고통이 없는 상태를 의미하는 반면,
불행은 고통을 의미하여 쾌락이 부재한 상태를 뜻한다.

**만족한 돼지보다 불만스러운 인간이 되는 것이 더 낫고,
만족한 바보보다 불만에 가득 찬 소크라테스가
되는 것이 더 낫다. 바보나 돼지가 보통 사람들과
다른 의견을 지녔다면 그것은 사건의 한쪽 측면만을,
즉 자신의 입장만을 고려하기 때문이다.
이와 달리 보통 사람들은 비교를 위해
항상 양쪽 측면을 모두 헤아릴 줄 안다.**

나사렛 예수의 '남들이 네게 해주기를 바라는 대로 행동하고,
네 이웃을 너 자신과 같이 사랑하라'라는 계명에서
공리주의적 윤리의 모든 정신을 읽을 수 있다.

**유일한 자유라는 칭호에 걸맞은
자유란 타인의 선(善)을 박탈하거나
선의 추구를 방해하지 않는 선에서
자신의 길을 따라 스스로의 선을 찾는 것이다.**

존 스튜어트 밀은 인간이 자신의 오류를 바로잡으려면 무엇보다 자유롭게 토론할 수 있는 환경이 마련되어야 하고, 나아가 그 과정에서 경험을 얻어야 한다고 생각했다.

지구상의 외딴 지역에서 야생의 삶을 이어가는 원주민들이 영국의 이야기를 처음 접하고 이 나라의 우두머리가 여자라는 사실을 알게 된다면 굉장히 놀랄 것이다. 그들에게는 도무지 믿을 수 없는, 자연의 섭리에 역행하는 일로 보일 테니 말이다. 반면 영국인들은 여왕의 존재에 의문을 느끼지 않는데 이는 이미 그러한 상황에 살고 있기 때문이다. 하지만 역설적이게도 영국인들은 여성이 군인이 되거나 의회의 의원 혹은 장관이 되는 것은 자연에 반하는 일이라 믿는다.

(자식을 예외로 하면) 여성은 법원에서 불의의 희생자임이 밝혀져도 또다시 부당한 폭력을 행사한 죄인에게 인계되는 유일한 사람이다. 그래서 여성 대부분은 매우 오랫동안 끔찍한 학대를 당해왔으면서도 자신을 보호하기 위해 법에 호소하지 못한다.

# Friedrich Nietzsche

### 프리드리히 니체

독일 뢰켄 1844~독일 바이마르 1900

『비극의 탄생(The Birth of Tragedy)』, 1872
『인간적인 너무나 인간적인(Human, All Too Human)』, 1878
『차라투스트라는 이렇게 말했다(Thus Spoke Zarathustra)』, 1883
『선악의 저편(Beyond Good and Evil)』, 1886

나의 형제들이여, 맹세코 이 대지의 뜻에 충실하라.
하늘나라의 희망을 설교하는 자들을 믿지 말지어다.
그들은 스스로 의식하고 있든 그렇지 않든 상관없이 독을
퍼트리는 자들이다. 그들은 생명을 경시하는 자들이요,
독에 중독되어 죽어가는 자들이요, 대지가 이런 자들에게
지쳤으니 그들이 하늘나라로 가도록 내버려두리니!
과거에는 신에게 저지르는 죄악이 가장 큰 중죄였고,
신성 모독이 최고의 불경죄였다. 그러나 신은 죽었고
그와 함께 신성 모독도 죽었으며 이 모든 죄악이 사라졌다.
이제 가장 끔찍한 죄악은 대지에 반하는 죄, 저 알 수도
없는 것의 속내를 대지의 뜻보다 중시하는 것이다.

―『차라투스트라는 이렇게 말했다』

## "신은 죽었다"

지그문트 프로이트, 칼 마르크스와 함께 20세기를 뒤흔든 혁명적 사상가 3인으로 손꼽힌다. 네 살 때 개신교 목사였던 아버지가 세상을 떠났으나 매우 반듯한 성품을 지닌 아이로 성장하여 '어린 목사'라는 별명을 얻기도 했다.

열일곱 살이 되던 해에 신학 공부를 시작했으나 오래 지나지 않아 포기하였고, 이후 문헌학을 공부하여 바젤 대학에서 강의했다. 하지만 잦은 편두통 때문에 강의를 하는 데 어려움을 겪어 1879년에 결국 교수직을 그만두었고, 이후에는 저술 작업에 몰두하였다. 1889년에 정신질환으로 쓰러진 후 회복하지 못해 생을 마감했다. 그의 저작들은 작가와 예술가들은 물론 실존주의, 현상학, 후기구조주의 포스트모더니즘의 철학자들에게 큰 영향을 미쳤다.

○ 위대해지고자 열망하는 자는
속마음을 드러낸다.
그러나 최고의 품성을 지닌 자는
소소함을 열망한다.

○ **대가를 지불할 수 있는 모든 것은 거의 가치가 없다.**

○ 삶을 사랑한다는 것은 가늘고 길게
사는 것에 반대하는 것과 마찬가지다.
모든 사랑은 순간과 영원을 생각하지만
결코 그 길이에 대해서는
괘념치 않기 때문이다.

○ 결점은 가장 훌륭한 스승이지만,
우리는 이 스승이 베푸는 은혜에
도무지 감사할 줄 모른다.

니체는 계몽주의라는 세속주의적 승리가 가져온
결과를 분석하였고 저명한 철학자들의 사상을 해
부하였다. 그 같은 사유의 결과로 이미 세상을 떠난
철학자들의 사상이 지닌 무용성을 '신은 죽었다'라
는 특유의 표현으로 압축했다.

○ 그동안 나는 자신을 사랑하기를 주저했고 보잘것없이
여겼다. 그 탓인지 가끔은 나도 더 나은 사랑을
받을 자격이 있지 않나 하는 생각이 든다.

○ 우리는 온갖 종류의 사람들을 참아내려
끊임없이 연습하면서 의식하지 못한 채
자신을 견디는 연습도 하게 된다.
곰곰이 생각해보면 이 점이야말로
전혀 예상하지 못했던
인간의 위업이 아닐 수 없다.

○ 결합은 함께한다는 상호 인식이 형성될 때보다
정말 그렇다고 믿을 때, 더욱 긴밀해지는 법이다.
그래서 사랑하는 연인의 결합은 결혼한 후보다
그 이전에 더욱 긴밀하다.

○ 결혼이 불행한 이유는
사랑이 부족해서가 아니라
우정이 결여되었기 때문이다.

# Pythagoras
### 피타고라스
그리스 사모스 BC 582~BC 507

디오게네스 라에르티오스, 『그리스 철학자 열전(Lives of eminent philosophers)』, BC 3
이암블리코스, 『피타고라스의 생애와 설교(Pythagorean Life: Protrepticus)』, AD 3
포르피리오스, 『피타고라스의 생애. 오르페우스 서사시. 오르페우스 찬가(Life of Pythagoras. Orphic Argonautica. Orphic Hymns)』, AD 3

헤라클레이데스는 피타고라스가 아이탈리데스로
환생했으며 스스로 헤르메스의 아들이라 여겼다고 전한다.
또한 헤르메스는 피타고라스에게 불멸을 제외하고
무엇이든 원하는 것을 고르라 했는데, 그는 살아서든
죽어서든 자신에게 일어난 일을 기억하게 해달라고 청했다.
그 요청이 받아들여지고 얼마 지나지 않아 피타고라스의
영혼은 마넬라우스의 창에 찔린 에우포르보스로 옮겨갔다.
그래서인지 에우포르보스는 자신이 과거 언젠가
아이탈리데스로 태어났다고 말했고, 헤르메스에게서
영혼 윤회의 특권을 부여받은 뒤 어떻게 다시 태어나
수많은 동식물로 살았는지, 하데스에서 자신의 영혼이
어떤 것을 느꼈는지, 또 다른 영혼들이 그곳에서
어떤 고통을 견뎌야 했는지 이야기했다.

— 디오게네스 라에르키오스, 『그리스 철학자 열전』

## 세계를 우주(Kosmos)라고 부르다

사모스 섬에서 태어난 피타고라스는 메소포타미아와 이집트를 여행한 뒤 그리스로 돌아와 자신의 첫 번째 철학 학교를 세웠다. 그러나 얼마 지나지 않아 참주였던 폴리크라테스에게 쫓겨났고, 이탈리아 남부의 크로토네로 이주해 두 번째 철학 학교를 세웠다. 이곳은 경제적 지위를 막론하고 모든 인종과 종교의 여성과 남성을 받아들이는 개방적인 곳이었다. 피타고라스학파는 우주를 이해하고자 수학적인 모델을 적용했다. 그로 인해 탄생한 것이 지금까지도 기하학에 적용되고 있는 '피타그라스 정리'다. 또한 천상의 조화라는 그의 견해가 남긴 발자취는 수 세기에 걸쳐 여러 사상가와 작가들에게 영감을 불어넣어 주었다.

○ 헤르미푸스의 말에 따르면 피타고라스는 이탈리아에 돌아와
땅속에 집을 짓고 들어가 살았다. 얼마의 시간이 지난 뒤 피골이
피골이 상접한 모습으로 밖에 나온 피타고라스는 공회를 찾아갔다.
그는 자신이 사자(死者)의 나라 하데스에서 왔다고 말하며
그간 일어난 일에 대한 이야기를 읽어내려 갔다.
그 이야기를 들은 사람들은 공포에 떨며 울음을 터뜨렸고,
결국 잘못을 뉘우치며 피타고라스를 신적인 존재라 믿게 되었다.
심지어 어떤 사람들은 배움을 얻으라며 자신의 아내를 그에게
보내기도 했는데, 이후 그 여자들은 피타고라스학파라는 이름을
얻게 되었다.

○ **첫째로 피타고라스는 영혼이 불멸한다고 말해
유명 인사가 되었다. 둘째로 영혼은 다른 종류의
생명으로 옮겨가 살게 되는데, 이 같은 일은
주기적으로 다시 발생하기 때문에 이 세상에
절대적으로 새로운 것은 없다고 말했다.
마지막으로 이 같은 이유에서 살아 있는 모든 것을
동족으로 여겨야 한다고도 했다.**

○ 크세노파네스는 환생이라는 주제를 다루며 어느 날 심하게
매질당하는 강아지 옆을 지나던 피타고라스의 말을 전했다.
"이제 몽둥이질은 그만두게나. 낑낑대는 강아지 소리를
들으니 내가 알던 친구의 영혼이 그 안에 있어 그러네."

피타고라스가 태어난 사모스 섬. 사모스 섬은 그리스 에게 해(海)의 동쪽 끝에 위치해 있다. 그리스 신화에 따르면 제우스의 아내가 된 헤라 여신도 이 섬에서 태어났다고 한다.

○
피타고라스는 인생이 흡사
놀이를 하는 군중과 같다고 말했다.
어떤 이는 경쟁을 벌이려 놀이를 하고,
어떤 이는 돈을 벌 목적으로 놀이를 하지만,
뛰어난 사람은 보기 위해 놀이를 한다.
이처럼 노예는 명성과 이득에 집착하는 반면,
철학자는 진리를 갈구한다.

○
**일명 피타고라스학파라 불리는 사람들은 음계의
속성과 관계를 살펴 이를 수로 표현할 수 있으며,
나아가 모든 자연의 근원이 수라 생각했다.
그들은 수의 구성 요소가 모든 존재의 구성 요소이며,
천상 세계 전체를 조화와 수라 여겼다.**

○
대부분의 사람이 지구가 우주의 중심에
있다고 확신했지만, 피타고라스학파라
불리는 사람들은 그 반대라 주장했다.
그들은 우주의 중심에는 불이 있고,
지구가 그 중심의 둘레에서
원을 그리며 움직이기 때문에
낮과 밤이 생기는 것이라 설명했다.

# Platon

**플라톤**
그리스 아테네 BC 427~BC 347

『국가론(The Public)』, BC 380경
『티마이오스(Timaeus)』, BC 370~347
『파이드로스(Phaedrus)』, BC 385~371

외부의 빛을 향해 열린 긴 입구가 커다란 동굴 내부까지 이어지는 지하 동굴을 상상해보라. 그곳에는 어릴 적부터 발과 목이 사슬에 묶여 머리조차 돌리지 못한 채 옴짝달싹 못하는 사람들이 오로지 앞만 바라보며 살고 있다. 그들의 뒤쪽으로는 조금 멀리 떨어진 곳에 높은 지대가 있는데 거기서 타오른 불길이 불빛을 만들고, 그 불빛과 사슬에 묶인 죄수들 사이의 높은 지대에 길 하나가 나 있다. 그 길을 따라 인형 술사와 죄수 대중을 가르며 가리개 구실을 하는 칸막이가 서 있고, 죄수들이 그 칸막이에 비치는 인형들의 놀라운 짓들을 본다고 상상해 보라.

―「국가론」

## 사상가들에게 끝없는 찬사와 비판을 받다

소크라테스의 제자였던 플라톤은 훗날 아리스토텔레스의 스승이 되었다. 그의 본명은 아리스토클레스였는데, 예명인 '플라톤'은 그리스어로 '넓은 어깨'를 뜻한다. 그가 아테네에 설립한 아카데미아의 정문에는 '기하학을 모르는 자는 이곳에 들어오지 말라'라는 글이 쓰여 있었다. 이는 기하학이 당시 최고의 교육법이었던 문답법의 기초로 간주되었기 때문이다.

플라톤의 대부분의 저작은 대화 형식으로 구성되어 있으며 연도가 기록되어 있지 않아 후대의 비평가들이 연대순으로 정리해야 했다. "모든 서양 철학은 플라톤 철학의 주석에 지나지 않는다"라는 화이트헤드의 말은 서양 철학사에서 플라톤의 철학이 지니는 중요성을 잘 나타낸다.

○ 신은 천상에서 지성이 일으킨 혁명들을 지켜본
우리가 이것을 이성의 회로에 써먹을 수 있도록
통찰할 수 있는 눈을 주었다. 따라서 우리의 이성은
지성의 혁명과 동일한 본성을 지녔다고 볼 수 있다.


○ **인간은 각각 쾌락과 의무를 대표하는
원기 왕성한 말 두 마리의
쌍두마차를 모는 마부와 같다.
마부의 기술은 흑마(쾌락)의 격정을
진정시키고 조절해
백마(의무)와 균형을 맞춤으로써
마차를 잘 달리게 하는 것이다.**


○ 나는 물릴 수 있는 여러 곳 가운데
가장 고통에 민감한 부분을 물려
극심한 고통을 겪었다.
그곳을 마음 혹은 영혼이라 부르든,
아니면 다른 이름으로 부르든
그곳이란 내가 철학적인 논의에 참여했다
두들겨 맞고 물린 곳이다.
이처럼 철학적 논의가 지혜를
갖추지 못한 젊은 영혼을 집어삼켜
무슨 소리든 지껄이고
무슨 짓이든 벌이게 한다면
이는 독사에게 물린 것보다
더 잔인한 일이 될 것이다.

● **나는 올바른 철학을 칭송하는 의미에서 정치적 사건이든 개인적 사건이든 모든 사건에 대한 이해는 올바른 철학에 좌우된다고 말하겠다. 진정 올바른 철학을 하는 계층이 공직에 오르거나 도시를 지배하는 사람들이 신의 은혜를 입어 진실로 철학을 하게 되지 않는 한, 인간이라는 종족의 악은 끊이지 않을 것이다.**

● 빈곤은 재산이 줄어들어서가 아니라 욕망이 늘어났기 때문에 발생한다.

● 세상에는 두 부류의 사람이 있다. 한 부류는 자유와 평온을 누리며 교육받은 철학자들로, 일상과 맞닥뜨렸을 때는 아주 바보 같거나 전혀 쓸모없어 보인다. 설령 철학자가 침대보를 제대로 갤 줄도 모르고, 요리에 알맞은 양념을 칠 줄 모르며, 연설에서 적절한 아부를 섞을 줄 모른다 하더라도 너그러이 봐주어야 한다. 또 다른 부류는 이런 일상적인 일을 해내는데 능숙하지만, 신사처럼 근사하게 외투를 걸치는 법을 배우지도, 신과 인간의 행복한 삶을 기리는 진지한 연설을 들으며 그 안에 드러난 조화를 파악하지도 못한다.

플라톤(왼쪽)과 아리스토텔레스. 그들은 사제지간이었지만 모든 방면에서 의견이 일치하지는 않았다.

# Karl Popper
## 칼 포퍼
오스트리아 빈 1902~영국 런던 1994

『탐구의 논리(The Logic of Scientific Discovery)』, 1934
『역사주의의 빈곤(The Poverty of Historicism)』, 1945
『열린 사회와 그 적들(The Open Society and Its Enemies)』, 1945
『추측과 논박(Conjectures and Refutations)』, 1963

지식의 근원을 묻는 질문은 여타의 다른 권위적 질문들과 마찬가지로 유전적인 성격을 띤다. 지식은 계보를 통해 정당하게 인정받을 수 있다는 믿음이 팽배해 있는데, 통상은 이 같은 믿음에 기초해 지식의 기원을 조사하는 것이다. 계보학적으로 순수하고 순결한 지식의 고귀함, 더할 나위 없이 지고한 권위에서 비롯된 지식, 나아가 되도록이면 신에게서 유래했다고 믿는 지식의 고결함은 이 같은 질문의 이면에 자리 잡은 형이상학적 관념들이다. 나는 이에 대한 대안으로 '어떻게 우리는 오류를 발견할 수 있는가?'라는 질문을 제안했다. 이 질문은 순수하고 순결한 확실성의 근원은 존재하지 않으며, 기원이나 순수성에 대한 문제가 진리나 타당성의 문제와 혼동되어서는 안 된다는 생각에서 비롯된 것이다.

—『추측과 논박』

## 비판의 중요성을 합리성과 결합시키다

1935년에 영국으로 이주했고, 이후 뉴질랜드에 정착했다. 1945년에 다시 영국으로 돌아온 뒤에는 논리학과 과학적 방법론의 교수로 재직했고, 1965년에 엘리자베스 2세 여왕으로부터 기사 작위를 수여받았다

첫 번째 저서인 『탐구의 논리』에서 오스트리아 빈 학단이 주장했던 논리실증주의의 '검증 가능성' 원리를 거부하는 대신 과학과 유사 과학의 구분을 확립하기 위해 '반증 가능성'을 제안하며 빈 학단의 철학적 관점을 비판했다. 이처럼 그는 어떤 이론을 과학적인 이론으로 간주하려면 근본적으로 그 이론이 오류로 증명될 가능성을 허용해야 한다고 주장했다. 비판적 합리주의로 알려진 포퍼의 방법론은 인간 이성의 발전에 있어 비판의 중요성을 합리성과 결합시켰다.

● 뉴턴의 역학이 관찰에서 파생되었다는 주장은
역사적으로 거짓이다. 이 같은 믿음이
제아무리 광범위하게 퍼져 있다 할지라도
그것은 그저 역사적인 신화, 좋게 말해
역사의 대담한 변형에 지나지 않는다.

● 지식의 궁극적인 근원 따위는 없다.
우리는 지식에 대한 모든 종류의 근원과 제안을
환영해야 하며 나아가 비판적으로 검토해야 한다.

● **실제로 외형들의 세상이 단순히 우리의 동굴 벽에 비친
그림자들의 세상에 지나지 않는다 하더라도,
우리는 언제나 그 그림자 너머에까지 도달할 수 있다.
비록 진리가 깊숙한 심연에 숨겨져 있다 할지라도
그 심연을 탐구할 수 있다.**

칼 포퍼의 자필 서신. 그는 과학철학자로서
객관적인 지식을 탐구하였다.

칼 포퍼의 두덤

- 명석함과 판명함이 진리의 기준은 아닐지라도 불확실성과 혼란은 오류를 판단하는 기준이 될 수 있다. 또한 일관성이 진리를 확립하기에 충분치 않은 조건이라 할지라도 지리멸렬함과 불일치는 오류를 확립하기에 충분하다. 이처럼 우리가 오류를 인정할 때, 오류는 동굴의 어둠 속을 더듬어서 빠져나올 수 있도록 희미한 불빛을 제공한다.

- 모든 문제의 해결은 풀리지 않은 새로운 문제들을 상정한다. 원래의 문제가 심오할수록, 이를 해결한 방법이 대담할수록 새로운 문제가 더 많이 생겨난다.

- **세상에 대해 차츰 많이 알게 되고 그 배움의 깊이가 한층 깊어질수록 우리는 스스로의 무지에 대해 더욱 실감하게 될 것이다.**

# Protagoras
## 프로타고라스
마케도니아 아브델라 BC 485~시칠리아 BC 414

플라톤, 『프로타고라스(Plato′s Protagoras)』, BC 393~389
필로스트라토스, 『소피스트들의 생애(The Lives of the Sophists)』, AD 2
자클린느 드 로미이, 『페리클레스 시대 아테네의 위대한 소피스트들(The Great Sophists in Periclean Athens)』, 1997

시초에 흩어져 살며 도시를 형성하지 못했던 인간들은
모든 면에서 자신보다 강한 맹수들에게 절멸할 위기에
처했다. 당시의 인간들에게는 전쟁의 기술을 포함해
정치적인 기술이 전무했다. 그래서 그들은 한데 모여
도시를 형성하고 살아남을 방법을 강구했으나
일단 모이고 나자 정치적 기술이 없어서 서로를 해치기
시작했고 결국에는 다시 흩어져 죽어갔다.
이때 인간 종족이 완전히 절멸할 것을 우려한 제우스는
헤르메스를 이 땅에 보냈다. 그로 하여금 인간에게
수치심과 정의로움을 가르쳐 우정에 뿌리를 둔 화합과
유대가 도시 전체를 지배하게끔 할 요량이었다.

— 플라톤, 『프로타고라스』

## 설득의 화술을 가르치다

최초의 소피스트로 주로 아테네에서 활약했다. 다른 소피스트들처럼 대화를 통해 사람을 설득하는 변론술을 가르쳐 돈을 벌었다. 그는 상황에 딱 맞는 단어를 사용함으로써 사람들의 감탄을 자아내기도 했다.

『진리에 대하여』, 『자가당착 혹은 반론』, 『신들에 대하여』 등을 집필했다는 기록이 남아 있지만 세 권 모두 전해지지는 않는다. 특히 마지막 저서는 그가 불경죄로 몰려 아테네에서 추방되는 원인이 되었다고 알려져 있다. 현재 우리가 프로타고라스의 철학을 확인할 수 있는 유일한 경로는 아이러니하게도 그의 최대 적수였던 플라톤과 아리스토텔레스의 저서들이다. 좌측의 사진은 데모크리토스와 프로타고라스의 고향인 그리스 아브델라의 유적이다.

- **인간은 만물의 척도다.
존재하는 것에 대해서는 존재하는 것으로,
존재하지 않는 것에 대해서는 존재하지 않는 것으로.**

- 나는 신들이 있는지 없는지 알지 못한다.
그것을 알아내기에는 인간의 삶이 너무 짧고,
분명치 않은 것이 너무 많기 때문이다.

- 사물은 나에게 나타나는 대로 그렇게 내게 존재하며,
너에게 나타나는 대로 그렇게 네게 존재한다.

- 사람들은 자신이 아는 상대방의 결점이
천성의 문제이든 우연히 생겨난 문제이든
상관없이 그 결점을 없애라며 화를 내거나
나무라고 가르치거나 벌하려 들지 않으며
오히려 그런 사람을 가엾게 여긴다.
과연 누가 못생긴 사람이나 키가 작은 사람,
몸이 약한 사람을 나무랄 만큼
어리석단 말인가?

아브델라의 은화인 테트라드라큼. 프로타고스는 '덕의 교사'로도 널리 알려졌는데, 이때 덕이란 '선(善)을 행한다'라는 의미가 아니라 '세속적인 성공을 제대로 누릴 수 있는 능력'을 뜻한다.

● 짐승처럼 비이성적인 앙갚음을 하려는 것이
아니라면 세상 어느 누구도 부정한 사람이
불의를 범했다는 이유로 처벌하지는 않는다.
이성적으로 판단하는 사람은 이미 벌어져
돌이킬 수 없는 불의 때문이 아니라
미래를 생각해 처벌을 내린다.

● 덕이 가르칠 수 있는 가치인 까닭은
예방의 차원에서 벌을 내리기 때문이다.

● 덕이 지배하는 도시로 존속하길 바란다면
그 누구도 불경해서는 안 된다.

● 훌륭한 부모에게서도
되먹지 못한 자식이 나올 수 있고,
반대로 못난 부모 밑에서도
훌륭한 자식이 나올 수 있다.
이는 전혀 놀라운 일이 아니다.

● **불의가 어느 정도는 경건함을 닮았듯이,
모든 것은 어떤 식으로든 다른 것들과
유사한 데가 있다. 가령 하양과 검정,
딱딱함과 부드러움도 어떤 면에서는
서로 닮은 구석이 있다.**

# Jean-Jacques Rousseau

## 장 자크 루소

스위스 제네바 1712~프랑스 에르므농빌 1778

『인간 불평등 기원론(Discourse on the Origin of Inequality)』, 1755
『사회계약론(The Social Contract)』, 1762
『에밀(Emile)』, 1762
『고백(Confessions)』, 1770

어떤 땅에 울타리를 친 뒤 '이 땅은 내 땅'이라고 선언할
생각을 해내고, 이 말을 곧이곧대로 믿어줄 만큼
순진한 사람들을 찾아낸 첫 번째 사람이야말로 진정한
시민사회의 설립자였다. 그 울타리의 말뚝을 뽑아내고
도랑을 도로 메우며 "이 사기꾼의 말을 듣지 마시오!
이 땅의 열매는 우리 모두의 것이고, 이 땅은 그 누구의
것도 아니라는 사실을 잊지 마시오. 이 사실을 잊는다면
그대들은 큰 화를 입게 될 것이오"라고 동포들에게 외치는
사람이 있었더라면, 인류가 겪었던 수많은 범죄와 전쟁,
살인과 빈곤, 동포를 얼마나 많이 줄일 수 있었겠는가!

—『인간 불평등 기원론』

### "자유는 한 번 잃고 나면 다시는 되찾지 못한다"

태어난 지 얼마 되지 않아 모친이 사망했다. 열여섯 살이 되던 해에 제네바를 떠났다. 그 후 방랑 생활 끝에 만나게 된 바랑 남작 부인의 보살핌을 받으며 독학에 집중했다. 1742년에 파리로 떠난 그는 계몽주의자들과 교류하며 백과전서의 간행에 기여했으나 진보라는 계몽주의의 개념에 반대했고, 문명이 인간들 사이의 불평등을 강요했다고 주장했다. 또한 사회계약론, 신권에 맞선 대중의 의지 옹호, 자유 민권을 지지하는 주장들을 펼쳐 프랑스 혁명의 사상적 지주로 추앙받았다.

○ 인간은 본래 자유롭게 태어났으나,
곳곳에서 옭아매는 사슬에 묶여 있다.

> ○ 세상에서 가장 악한 사람은 스스로를 고립시켜
> 자신을 사랑하는 데 마음을 가장 많이 쓰는 사람이다.
> 반대로 세상에서 가장 선한 이는 주변 사람들에게
> 애정을 똑같이 나누어주는 사람이다.
>
> ○ **자유로운 시민들이여, 이 격언을 기억하라.**
> **"자유는 얻을 수 있는 것이나, 한 번 잃고 나면**
> **다시는 되찾지 못한다."**

○ 자연 상태의 인간은 행복하고 선량했으나
사회가 인간을 타락시키고 비참하게 만들었다.

○ 더 이상 진실한 우정이나 진정한 존중,
제대로 뿌리내린 신뢰는 찾아볼 수 없다.
금세기 계몽의 빛은 천편일률적인 불충의 예절과
어느 때보다 강력한 예의범절을 낳았지만,
그 베일 뒤에는 항상 의심과 어둠, 두려움과 냉정함,
거리낌과 증오, 배신이 숨겨져 있다.

장 자크 루소의 동상. 루소는 혁명적인 사상을 담은 『사회계약론』이 출판되자마자 프랑스에서 추방되었다.

- 부의 평등은 어떤 시민도 다른 사람을
돈으로 살 수 있을 만큼 부유하지도,
자기 자신을 팔아야 먹고 살 수 있을 만큼
가난하지도 않을 때 비로소 이루어진다.

- 사랑이 없는 곳이라면 아름다움이 무슨 소용인가?
서로 말조차 섞지 않는 사람들에게 지성이 무슨 쓸모가 있으며,
장사를 하지 않는 사람들에게 잔꾀가 어떤 도움이 된단 말인가?

- **복종하도록 강요받는 대중은
시키는 대로 복종하며 잘 살아간다.
그러나 멍에를 떨쳐버리고
속박에서 벗어난 대중은
그보다 더 잘 살아간다.**

# Bertrand Russell

## 버트런드 러셀

영국 웨일스 1872~1970

『수학 원리(The Principles of Mathematics)』 전 3권, 1910~1913
『철학의 문제들(The problems of philosophy)』, 1912
『의미와 진리의 탐구(An Inquiry Into Meaning and Truth)』, 1940
『나는 이렇게 철학을 하였다(My Philosophical Development)』, 1959

나는 평범한 남성들과 평범한 여성들이 두려움 없이
살아갈 수 있도록 교육하는 것이 가능하다고 생각한다.
이러한 두려움은 아주 쉽게 전염된다. 아이들은 어른들이
두려움을 퍼트리고 있다는 사실을 눈치 채지 못한 채
두려움에 감염된다. 또한 남성들은 여성들이 비이성적인
공포에 사로잡히는 것이 매력 있는 일이라 생각해왔다.
그들에게는 이 점이 아무런 위험을 감수하지 않고서도
여성들의 보호자를 자처할 기회가 되어 주었기 때문이다.
그러나 불행하게도 남성들의 자식들은 어머니로부터
두려움을 이어받는다. 이는 분명 자신의 아버지가 여성을
경시하기로 마음먹음으로써 초래된 결과인데,
그 대가는 아이들이 치르게 되는 것이다.
이러한 아이들이 용기를 회복할 방법은 교육뿐이다.

—『러셀의 교육론(On Education)』

## 인류와 사상적 자유의 수호자

케임브리지 대학에서 수학했고, 트리니티 칼리지의 운영 위원회 위원을 역임했다. 제1차 세계대전 당시 반전 운동을 벌여 투옥되었으며 대학에서도 일자리를 잃었다.
1938년부터 1944년까지 미국에서 교수 생활을 했으나, 그가 종교를 공격했다는 이유로 뉴욕 대법원이 뉴욕 소재 대학에서의 강의를 금지시켰다. 그럼에도 그는 '인류와 사상적 자유의 수호자'라는 칭호를 얻으면서 1950년에 노벨문학상을 받았다 그 후 여든아홉이라는 고령에도 불구하고 핵무장 반대 시위를 이끌어 수감되었고, 이듬해에는 케네디와 흐루시초프에게 서신을 보내 쿠바의 미사일 위기를 중재하기도 했다.

● **어떤 대상이 스스로 존재해야 한다면 선한 것이고,
스스로 존재해선 안 된다면 악한 것이다.
무엇인가가 존재하도록 혹은 존재하지 않도록 할 수 있는
힘이 우리에게 주어진다면, 선한 것은 존재하게끔,
악한 것은 존재하지 않게끔 해야 할 것이다.**

● 인류에게는 이중의 도덕이 있다.
하나는 설교하나 행하지 않는 도덕이고,
다른 하나는 행하나 설교하지 않는 도덕이다.

● 내가 내린 최종적인 결론은
우리는 극히 조금밖에
알지 못한다는 것이지만
그럼에도 우리가 알고 있는 것
자체에 놀라지 않을 수 없었다.
더 놀라운 점은 이처럼 미약한
지식이 이토록 많은 힘을
우리에게 부여한다는 사실이다.

"거짓과 더불어 제정신으로
사느니, 진실과 더불어 미치는
쪽을 택하고 싶다."

세상에 가로 놓여 있는 대부분의 어려움은
무지한 자들이 세상일을 전적으로
확신하는 데 반해 지혜로운 자들은
의문을 품는다는 데서 기인한다.

**인생에서 가장 어려운 일은
어떤 다리는 건너야 하고,
또 어떤 다리는 불태워버려야
하는지 아는 것이다.**

과학자는 불가능을 가능으로
만들기 위해 노력하지만,
정치인은 가능한 일을
불가능하게 만들고자 경주한다.

나는 종교의 기반이 무엇보다 두려움이라고 생각한다.
두려움은 잔인함의 아버지다. 따라서 잔인함과 종교가
나란히 손을 잡고 나아갔다고 해도 놀라울 것은 없다.
반면 과학은 인류가 수많은 세대를 거쳐 살아온
이 비겁한 공포를 극복하도록 도와줄 수 있다.

# Jean-Paul Sartre

## 장 폴 사르트르

프랑스 파리 1905~1980

『존재와 무(Being and Nothingness)』, 1943
『변증법적 이성비판(Critique of Dialectical Reason)』, 1960
『말(The Words)』, 1964

실존이 본질에 선행한다는 말은 무슨 의미인가?
인간은 먼저 실존하고 세상에 출현한 다음에야 정의될 수
있다는 의미다. 실존주의자가 이해한 대로 인간이 정의될
수 없는 것이라면, 그 이유는 인간이 무(無)에서 시작하기
때문이다. 인간은 오직 실존 이후에야 인간일 수 있고,
스스로 만든 모습 그대로 될 수 있다. 이처럼 인간의 본성은
이를 생각해줄 신이 없기에 존재하지 않는다.
자신이 이해하는 대로 존재할 뿐만 아니라
자신이 바라는 대로 존재할 수 있는 유일한 존재는
인간뿐이다. 이렇듯 인간은 실존한 다음에야 스스로를
구상하고, 실존으로 던져진 후에야 스스로 원하므로
결국 스스로 만들어가는 존재, 그 이상도 이하도
아니라 할 수 있다.

—『실존주의는 휴머니즘이다(Existentialism is a Humanism)』

### "실존이 본질에 선행한다"

파리, 프라이부르크, 스위스, 베를린에서 철학을 공부했다. 실존주의를 대표하는 철학자로 평가받는다. 제2차 세계대전이 발발하자 군대에 지원하여 참전하였고, 1940년부터 1941년까지 독일군의 포로가 되기도 했다.

1945년에 교육 활동을 그만둔 뒤 시몬 드 보부아르를 비롯한 당대의 지식인들과 함께 「현대」라는 잡지를 창간했다. 그는 소설가이자 극작가로도 활동했는데, 모든 작품에서 사회 참여 성향이 강하게 드러난다.

● 인간은 하나의 기투(企投)에 지나지 않고,
스스로를 실현하지 않고서는 존재하지 못한다.
따라서 인간은 자기 행위의
총합에 불과하며, 자신의 삶 이상일 수 없다.

● **무기력한 피를 지녔다고 해서
그 사람이 겁쟁이가 되는 것은 아니다.
진정 그를 겁쟁이로 만드는 것은
체념하거나 양보하는 행동이기 때문이다.
기질은 기질일 뿐 행위가 아니며,
겁쟁이는 오직 그가 하는 행위로 인해 정의된다.**

● 실존주의자는 열정의 힘을 믿지 않는다.
이는 모든 것을 휩쓸어가는 격류처럼
아름다운 열정이 인간을 숙명으로 내몰아
어떤 행위를 하도록 강제한다고
생각하지 않는다는 뜻이다.
따라서 열정이 하나의 구실이 될 수 없으며
반대로 인간은 자신이 품은 열정에
책임이 있다고 생각한다.

사르트르의 저서들. 그는 프랑스의 68운동을 이끈 대표적 지식인으로서 자유를 회복할 길은 혁명뿐이라고 주장했다.

우리는 변명의
여지없이 모두 혼자다.
인간은 자유롭도록
선고받은 존재라는 말로
내가 표현하려던 바가
바로 이것이다.

사르트르는 1964년에 노벨문학상 수상자로 지목되었으나 노벨문학상을 부르주아의 잔치로 간주하여 수상을 거부했다.

나의 내면을 발견하는 것은 동시에 내 앞에 놓인
또 다른 자유로서의 타자를 발견하게 한다.
나를 옹호하거나 나와 맞서야만 사유할 수 있는 타자
혹은 그렇게 하고 싶어 하는 타자를 발견하게 해준다.
이처럼 우리는 상호 주체성이라 부르는 세계를 발견하게 된다.
인간이 자신은 무엇인지, 또 타인들은 무엇인지를
결정하는 곳이 바로 이 세계다.

## 각각의 인간에서 인간의 본성이라는 보편적 본질을 찾는 일은 불가능해도 인간이 처한 조건에는 보편성이 존재한다.

구원은 이 땅에서 이루어지며,
이는 인간 전체를 생각하는
인간 전체에 속한 일이다.
이러한 측면에서 예술은
죽음이 아니라 삶에 대한 명상이다.

# Arthur Schopenhauer

## 아르투르 쇼펜하우어
독일 단치히 1788~프랑크푸르트 암 마인 1860

『서간집(Letters)』, 1806~1819
『의지와 표상으로서의 세계(The World as Will and Representation)』, 1819
『생존과 허무(Parerga and Paralipomena)』, 1851

낙관주의는 잘못되었을 뿐만 아니라 아주 해로운 이론이다. 이 이론은 삶을 바람직한 상태로 제시하고 행복이 인생의 본질이자 목표인 양 설명해서 모든 사람이 행복과 기쁨을 누려야 마땅하다고 생각하게 만든다. 하지만 만약 일이 원하는 대로 풀리지 않는다면, 누구든 자신이 부당하게 고통 받는다고 느낄 테고, 심지어는 존재의 균형을 잃게 될 것이다. (브라만교, 불교, 참된 기독교가 확인시켜주었듯이) 노동과 궁핍, 불행과 고통은 그 정점에 있는 죽음과 더불어 인생의 진정한 본질이자 목표다. 그러므로 이 같은 본질에 대항해 삶의 의지로 맞서는 것이야말로 진정한 승리라는 사실을 상기하는 것이 진정 옳은 방법이다.

—『의지와 표상으로서의 세계』

## 낙관주의를 비판하다

동양 철학에 영향을 받은 쇼펜하우어는 플라톤과 칸트의 사유를 불교 및 힌두교와 통합한 철학자로, 철학 역사상 최초로 서양의 형이상학과 동양 사상을 진지하게 연관지었다고 평가받는다. 괴팅겐과 베를린, 예나에서 수학한 뒤 프랑크푸르트 암 마인에 도착했다. 그곳에서 사유 활동에 몰두하며 고독한 생을 살았지만, 여류 작가였던 어머니 덕분에 가끔은 괴테를 비롯한 당대의 주요 지성인들과 교류할 수 있었다.

독일 관념론을 반대하고 특히 헤겔에 대해 비판적이었던 그는 모든 현실이 정신적인 산물이라는 관념에 대항했으며, 궁극적 현실은 '의지'라고 주장했다.

○ 사랑은 본래 괴로움이다.
사는 것은 사랑하는 것이니
모든 인생은 본질적으로 고통이며,
고귀한 존재일수록 더 많이 고통받는다.

○ 인간을 제외하면 그 어떤 것도
자신의 존재에 대해 감탄하지 않는다.

○ **인간은 이유도 모른 채 돌아가는 태엽 시계와 같다.
한 인간이 잉태되고 세상에 나올 때마다
새로운 인생의 태엽이 감기고,
케케묵은 음악 상자의 낡아빠진 흥얼거림이
한 박자씩 한 소절씩 다시 한 번 반복되어
거의 감지할 수 없는 변주를 탄생시킨다.**

○ 카드 패를 섞는 것은 운명이지만,
정작 카드를 하는 것은 우리 인간이다.

쇼펜하우어의 친필 원고. 고독한 삶을 지향했던 쇼펜하우어의 사유는 특히 니체, 바그너, 프로이트에게 많은 영향을 미쳤다.

쇼펜하우어는 매우 급진적인 채식주의자로, 동물의 권리에 대해 강조했다.

○
흔히 진솔한 사람이 자신의
친구일 거라 생각하지만
의외로 진심을 털어놓는 사람은 적이다.
자기 자신을 잘 알고 싶다면
적의 비난을 유익하게 활용해야 한다.

○
## 인간의 사회적 본능은 사회에 대한 사랑이 아니라 두려움에 기초한다.

○
인간의 삶은 패배로 끝날 것이 확실하지만
존재하기 위해 어쩔 수 없이 벌이는 사투와 같다.
사냥꾼이 되기도 사냥감이 되기도 하는 존재들이
소름 끼치는 포획물의 찌꺼기를 얻기 위해
끊임없이 사냥하며 다투는 것이 바로 인생이다.

○
좋은 면을 읽으려면 나쁜 면은 그냥 덮고 넘어가야 한다.
인생은 짧고 시간과 힘은 제한되어 있기 때문이다.

# Seneca

**세네카**

로마 제국의 이스파니아 코르도바 BC 4~65

『어머니 헤르비아에게 보내는 위로의 글(Of Consolation: To Helvia)』, AD 42
『인생의 짧음에 대하여(On the Shortness of Life)』, AD 55
『현자의 항상심(恒常心)에 대하여(On the Constancy of the Wise Person)』, AD 55
『섭리에 대하여(On Providence)』, AD 63

중요한 것은 얼마나 고통받느냐가 아니라 어떻게 그 고통을
이겨내느냐. 자식을 대할 때 아버지와 어머니의 사랑이
얼마나 다른지는 다들 잘 알고 있으리라. 학업에 전념하게끔
아침 일찍부터 자식을 깨우는 아버지는 자식이 땀과 눈물을
흘리게 만든다. 반면 어머니는 슬하에 자식을 품고
늘 자신의 그늘 아래서 보호하려 든다. 신은 아버지의
가슴으로 선한 자들을 대하고 그들에게 아버지의 사랑을
베푼다. 그렇게 함으로써 선한 자들이 진정 강인해질 수
있도록 노동과 고통, 역경으로 훈련시킨다.
삶에서 부딪히는 난관들을 극복하고자 한결같은 다음으로
싸워온 사람은 이 같은 어려움에 무두질되어 그 어떤 악에도
굴복하지 않는다. 설령 쓰러진다 하더라도
그 상태 그대로 싸움을 계속한다.

─『섭리에 대하여』

## 네로 황제의 암살에 가담했다는 누명을 쓰다

로마로 건너가 수사학과 철학을 공부했다. 대화, 서신, 비극, 풍자시로 이루어진 그의 작품들은 교화에 목적을 두었기 때문에 도덕적 성향이 짙었다. 칼리굴라 황제가 집권했을 무렵에 탁월한 웅변가이자 작가로서 더욱 널리 명성을 떨쳤다. 세네카의 존재가 자신에게 그림자를 드리운다고 느낀 칼리굴라는 그를 코르시카 섬으로 추방했다.

네로 황제의 어머니인 아그리피나의 부름을 받고 로마로 돌아온 그는 네로의 스승이 되었으며, 네로가 황제에 즉위한 뒤 정치 고문이자 총리 대신으로 활동하기도 했다. 이후 정계를 떠나 저술 활동에 전념했으나 네로의 암살 음모에 가담하였다는 누명을 쓰고 자살을 명 받았다.

○ **선한 사람에게는 악한 일이 일어날 수 없다.
반대되는 것들은 서로 뒤섞이지 않으며,
자연은 선한 것이 선한 것에 해를 입히는 일을
용납하지 않는다. 선한 사람들과 신들 사이에는
우정이 존재하는데, 그것의 연결고리가 바로 덕이다.**

○ 무수히 많은 강과 광천, 하늘에서 내리는 엄청난 빗물도
바다의 짠맛을 바꾸거나 희석시키지 못한다.
이와 마찬가지로 거센 충동과 역경이
선한 사람의 영혼을 흔들어놓지는 못한다.

○ 대항할 적이 없다면 미덕은 쇠약해지게 마련이다.
적이야말로 선한 인간을 만든다는 사실을 기억하라.
그러니 혹독하고 어려운 문제들을 두려워해서도,
운명을 탓해서도 안 된다.

스페인 코르도바에 있는 세네카의 동상.

● 신들은 재앙과 맞서 싸우는 강인한 인간들을 주시한다.
죽을힘을 다해 역경과 맞서는 인간의 결투야말로
자신의 피조물을 지켜보는 신에게 어울릴 만한 광경이다.
더욱이 인간 스스로 원해서 자초한 역경이라면
한층 더 신이 지켜볼 만한 가치 있는 승부가 될 것이다.

● **플라톤과 아리스토텔레스가 확립한
무수한 원인은 지나치게 많거나 지나치게 적다.
어떤 일이 발생하는 데 꼭 필요한 모든 것을
원인이라 간주한다면, 그 원인들의 나열은
항상 부족하게 마련이다.
이를테면 시간 없이는 아무것도 일어날 수 없으므로
그 원인들 중에는 시간이 포함되어야 하며,
어떤 특정한 공간 없이는 일이 발생할 수 없으므로
공간도 원인에 포함되어야 한다.
또한 움직임 역시 원인에 포함되어야 하는데,
움직임 없이는 생성도 소멸도 일어날 수 없고
예술의 변이도 없기 때문이다.**

● 우리는 최초의 보편적 원인이 무엇인지 궁금해하는데,
물질이 단순하다는 점을 고려하면
물질의 원인 역시 간명한 것이어야 한다.
그렇다면 이 같은 최초의 원인은 무엇인가?
그것은 분명 생산적인 이성, 곧 신일 것이다.

세네카의 흉상. 도덕적인 주제에 초점을 맞춘 그의 저서들은 초기 기독교와 중세에 큰 영향을 미쳤다.

# Georg Simmel
## 게오르크 짐멜
독일 베를린 1858~독일 슈트라스부르크 1918

『돈의 철학(The Philosophy of Money)』, 1900
『모험에 대하여(The Adventure)』, 1911
『역사 철학의 문제들(The Problems of the Philosophy of History)』, 1892

우리는 종종 알 수 없는 요소들이 목전까지 다가와 행동의 성공 여부가 불투명할 때 퇴로를 열어드는 데 에너지를 집중하며, 매 걸음걸음 돌다리를 두들기는 심정으로 신중하게 나아간다. 반면 모험에서는 정반대의 행동 양식을 따라 마치 모든 것을 신뢰한다는 듯 언제 증발해버릴지 모를 기회나 은명을 포함한 모든 불확실한 것에 과감히 의지한다. 이미 건너온 다리는 끊어버리고, 어떤 상황에서도 앞에 놓인 길이 우리를 목적지까지 인도할 것이라 확신하며 과감히 안개 속을 파고든다. 이것이 바로 모험가의 운명론이다. 분명 이 경우에도 운명의 어둠이 앞길을 가로막지만 모험가는 마치 탄탄대로가 앞에 펼쳐진 듯 행동한다.

―『모험에 대하여』

## 사후에 가치를 재평가 받다

베를린에서 철학과 법학을 공부했다. 베를린 대학과 슈트라스부르크 대학에서 강의했으며 철학사학자, 사회학자, 지식인으로서 많은 글을 남겼다. 그의 저서들은 사회적으로 막대한 영향력을 발휘했다.

생존 당시에는 학계의 주목을 받지 못하는 주변인에 불과했지만, 그의 저작과 명성은 학생들과 그와 친밀한 관계를 유지했던 동료 철학자들 사이에서 대학의 영역을 넘어 사회적으로 막대한 영향력을 발휘했다. 특히 하이데거, 야스퍼스, 아도르노, 벤야민, 호르크하이머와 같은 철학자들에게 큰 영향을 미쳤다. 그는 현대 사회학의 아버지로 추앙받으며, 막스 베버와 함께 독일 사회학회를 결성하기도 했다.

○ 사랑이 영혼의 가장 깊은 곳에 뿌리 내릴 때,
소유와 비소유의 대치는 그저
피상적인 표현의 겉면일 뿐이다.
또한 욕망은 사랑의 겉모습에 지나지 않으므로
만족했다 하여 사랑의 본질이 사라지지 않는다.

○ 소유와 비소유는 깨뜨릴 수 없는 견고한 표현의 형태이자
에로티시즘의 궁극적인 토대를 구성하는 요소다.
교태는 이 같은 토대에서 출발해 에로티시즘의
순수한 본질을 놀이의 형태로 표출하는데,
이는 놀이가 복잡한 삶에서 한층 단순한
기본 관계만을 끌어내 자신의 내용으로 삼기 때문이다.

○ **사랑이라는 행운에는 타인에게서 받는 것 외에 항상 운명의 호의가 담겨 있다. 이는 마치 거저 얻은 천부적 재능과도 같아서 사랑하는 사람뿐 아니라 예상치 못한 호의가 베푸는 은총처럼 보인다.**

짐멜은 돈이 수단이 아닌 목적이 될 때 자본주의가 우리에게 덫을 놓는다고 단언했다.

상대의 마음을 사고자 하는 여성은 섬세한 정신적 자극에서부터 매력적인 육체를 뜬금없이 노출시키는 것에 이르기까지 온갖 수단을 동원할 줄 안다. 그렇지만 이 같은 일반 여성의 행동은 교태를 부리는 여성과 쉽게 구분된다. 교태를 부리는 여성은 일순간 다 줄 것처럼 행동하다가도 돌연 새침하게 거부하기를 반복하는데 이렇게 함으로써 상대의 쾌락과 욕망을 일깨울 수 있기 때문이다. 이러한 이중적 행위는 소유와 비소유를 대치시키지만 양자를 한꺼번에 제공하는 듯한 인상을 심어준다.

> 여타의 과학 분야에서 나온 단언을
> 참이라 간주하는 관점에서
> 철학을 참이라 할 수 없다면,
> 철학은 바로 그 관점에서
> 거짓이라고도 할 수 없는 것이다.

대부분의 사람에게 죽음은 삶에 드리운 어두운 예언처럼 등장한다. 죽음은 이제 곧 실현될 이 예언에서 처음으로 삶과의 관계를 맺는 듯 보이나 실은 이미 그 내부에서 연결되어 존재하는 것이다.

**우리가 출생의 순간
완전한 존재로 태어나지 않고
살아가면서 조금씩
다시 태어나는 것처럼
마지막 순간에도
완전히 죽지는 않는다.**

짐멜의 주요 개념 중 하나인 '지식의 유용성'이란 자신에게 유용하기 때문에 인간이 지식을 추구한다는 내용이다.

# Peter Singer

**피터 싱어**
오스트레일리아 멜버른 1946~

『동물 해방(Animal Liberation)』, 1975
『실천 윤리학(Practical Ethics)』, 1979
『대형 유인원 프로젝트(The Great Ape Project)』, 1993 -
『삶과 죽음에 대한 재고(Rethinking Life and Death)』, 1994

이제껏 우리 인간은 다른 동물들에 비하면 야만성에서 거의 벗어났다고 자부해왔다. 이 같은 맥락에서 어떤 사람이 '인간적'이라 말할 때는 선량하다는 뜻이고, '짐승 같은 놈'이나 '동물처럼 행동하는 자'라는 말은 잔인하다는 의미를 내포한다. 그러나 한층 무분별한 이유로 다른 생명을 잡아 죽이는 동물은 다름 아닌 우리 인간이다. 우리는 다른 동물들을 잡아먹는 사자와 늑대가 야만적이라고 생각하지만, 이 동물들은 굶어 죽지 않기 위해 다른 동물을 사냥한다. 반면 우리 인간은 어떤가? 스포츠를 한답시고, 몸뚱이를 치장하려고, 그도 아니면 혀를 즐겁게 하려고 다른 동물들을 죽인다. 인간은 다른 종의 생명체는 물론 자신과 대등한 인간까지 죽였으며 그것만으로도 만족하지 못해 죽이기 전에 고통을 주고 고문했다. 역사는 인간의 이러한 성향을 생생하게 보여준다.

—『동물 해방』

## 동물의 권리를 대변하다

모나쉬 대학에서 공부한 후 옥스퍼드 대학으로 옮겨 제러미 벤담, 존 스튜어트 밀 등의 공리주의 철학자들을 연구했다. 1975년에 『동물 해방』을 출판하여 동물의 권리를 옹호하는 주요 이론가로 부상했으며, 동물을 차별하는 행위는 인종차별주의와 견줄 만한 종(種)차별주의라고 비판했다. 이론에 머물지 않는 철학을 추구하여 실용 철학 혹은 실천 철학을 지향하기 때문에 동물을 대상으로 한 과학 실험에서부터 모피 제품 생산은 물론, 기타 동물로 만든 제품들의 소비에 이르기까지 동물에게 자행되는 모든 학대에 반대하는 운동에 적극적으로 참여하고 있다.

● 고통을 느끼고 즐거움을 경험하는 능력은
이해관계를 맺기 위한 선결 조건,
다시 말해 이해관계를 논하기 전에
온전히 충족시켜야 할 조건이다.

● 등굣길에 돌멩이를 걷어차는 아이들의 행동이 돌멩이에
해를 입히는 것은 아니라고 말한다면, 터무니없는 소리로 들릴 것이다.
돌멩이는 고통을 느끼지 않으므로 이해관계도 없기 때문이다.
반면 돌멩이를 걷어차는 아이들로 인해 고통받을 수 있는 쥐는
이 문제와 관련된 직접적인 당사자다.

● **종차별주의는 자신이 속한 종의 이해를 옹호하고자
다른 종의 구성원들을 예단하는 편견 혹은 태도를 뜻한다.**

● 피조물의 이해를 고려할 때는
(그 이해의 내용이 무엇이든지)
평등의 원칙에 의거해 백인종과 흑인종,
남성과 여성, 인간과 비인간 등을
가리지 말고 모든 피조물에
동일한 기준을 적용해야 한다.

피터 싱어는 낙태의 합법화, 유전병이 있는 아이와 불치병 환자의 안락사 지지 등의 발언으로 논쟁의 중심에 서기도 했다.

슈퍼마켓의 한쪽에는 공장화된 사육장에서 풀 한 번 밟아보지 못하고
대낮의 햇살 한번 받아보지 못한 닭의 고기가 진열되어 있다.
반면 다른 한쪽에는 우묵한 냄비에 채소를 곁들여 양념하면
영양 만점에 맛도 일품인 두부가 놓여 있다. 둘 중 한 가지를 선택해
구입할 수 있는 행운이 우리에게 주어진다면 닭들이 사육장에서
고통을 겪고 슈퍼마켓의 제품이 되는 불행이 되풀이되지 않도록
그 같은 해악을 줄일 수 있는 선택을 해야 한다.

**삶을 바라보는 윤리적 관점은
음식을 즐기고 포도주를 음미하는 것을
막진 않지만 대신 우선순위에 대한
우리의 생각을 변화시킨다.**

기아로 죽어가는 소말리아 사람들의 궁핍과
프랑스 포도주를 맛보고 싶은 욕망을 비교한다면
후자는 무의미한 일로 퇴색해버린다.

실험용 토끼는 옴짝달싹할 수 없는 상태에서
눈 위로 떨어지는 샴푸를 그대로 맞아야 한다.
그리고 이 실험은 토끼가 겪는 고통의 관점에서
판단할 때 가치를 상실한 목적이 되어버린다.

# Socrates

**소크라테스**
그리스 아테네 BC 470~BC 399

플라톤, 『소크라테스의 변론(Plato's Apology of Socrates)』, BC 393~389
크세노폰, 『소크라테스 회상(Xenophon's Apology of Socrates)』, BC 394~387
에두아르트 첼러, 『소크라테스와 소피스트들(Socrates and the Socratic schools)』, 1955

여러분에게 꼭 당부하고 싶은 일이 한 가지 있습니다.
내 자식들이 성인이 되어 버젓한 시민이 되면 내가 여러분을
성가시게 했던 것과 똑같은 집요함으로 내 아이들을 귀찮게
해주십시오. 여러분이 보기에 그 녀석들이 선과 덕보다는
돈이나 다른 부질없는 일에 매달리고, 보잘것없는 주제에
마치 무엇이라도 된 듯 우쭐해 한다면, 마땅히 해야 할 일을
하되 쓸모도 없는 일은 생각하지도 않도록 꾸짖어주기
바랍니다. 그렇게만 해준다면 나는 물론이고 내 자식들도
여러분에게 받아야 할 정당한 대가를 받았다고 생각할
것입니다. 자, 이제 그만 떠나야 할 시간입니다.
나는 죽음을 향해, 여러분은 삶을 향해 나아가야 합니다.
하지만 우리 중 어느 쪽의 운명이 더 나은 것인지는
그 누구도 알지 못하며, 아마도 오직 신만이 알고 있을
것입니다.

—『소크라테스의 변론』

### 묻고 답하면서 진리를 찾다

아테네가 최고의 전성기를 누리던 시대의 철학자다. 뛰어난 웅변술과 예리한 논증으로 소피스트들과 벌인 논쟁으로 유명하다. 그는 대화 상대에게 빈틈없는 질문들을 제시하는 논변을 통해 진리에 이르도록 유도하는 방법인 산파술의 창시자로 알려져 있다. 이 같은 소크라테스의 사상을 배경으로 그의 제자인 플라톤은 철학사에 길이 남을 인스론을 전개했다.
직접 저술한 책은 없기 때문에 그의 사상은 주로 플라톤의『대화편』을 통해 전해진다. 아테네의 청년들을 현혹시켰다는 죄로 독배를 마시고 자살하라는 선고를 받았으며 초연히 그 죽음을 받아들였다.

○ 나는 스스로 지혜를 낳지 못한다는 점에서 산파와 닮았다
이 때문에 종종 책망받지만 그들의 말에 일리가 없는 것은 아니다.
분명 나는 사람들에게 질문을 던지지만,
지혜가 내 안에 존재하지 않기에 이를 태어나게 할 수는 없다.

○ **나는 아무것도 모른다는 사실만을 안다.
이 점이야말로 모든 것을 안다고 믿는
다른 철학자들과 내가 전혀 다른 이유다.**

○ **진정한 지혜는 스스로의 무지를
자각하는 데 있다.**

○ 판사는 네 가지 자질을 갖추어야 한다.
예의 바르게 듣고,
현명하게 대답하며,
매사를 진지하게 고려하고,
공정하게 판결해야 한다.

자크 루이 다비드의 그림 「소크라테스의 죽음」. 소크라테스의 죽음을 암시하고 있다.

파리의 루브르 박물관에 소장된
소크라테스의 조각상

● 친구를 선택할 때는 천천히 신중하게
결정해야 하지만, 일단 친구를 얻게 되면
단호하고 한결같은 모습을 유지해야 한다.

● 사람들은 어떤 일을 잘해낼 수 있다고 확신하지 않는 한
쉬이 나서지 못하는 법이다. 그럼에도 많은 사람이
선뜻 세상에서 가장 어려운 일인 통치를 잘해낼 수 있다고 생각한다.

● 교만은 폭군을 낳는다. 교만으로
헛된 경솔함과 과도함을 축적하면
가장 높은 꼭대기에 올라앉게 되는데
그다음 단계는 절대 빠져나올 수 없는
악행의 심연으로 전락하는 것이다.

● 불의는 겪는 것보다 범하는 것이
훨씬 나쁘다. 불의를 범한 사람은
부정한 사람이 되지만 불의를 당한
사람은 그렇지 않기 때문이다.

# Baruch Spinoza
## 바뤼흐 스피노자
네덜란드 암스테르담 1632~네덜란드 헤이그 1677

『데카르트 철학의 원리(The Principles of Cartesian Philosophy)』, 1663
『신학-정치론(Theologico-Political Treatise)』, 1670
『에티카(Ethics)』, 1677

만약 사람들이 개사를 확고한 기준에 따라 처리하거나 행운이 항상 그들의 편을 들어준다면, 결코 미신의 희생물이 되지는 않을 것이다. 그러나 많은 경우 시급히 돌아가는 상황에 직면한 인간은 일말의 의견을 내놓을 겨를도 없이 과도한 불안에 사로잡히게 되며, 유감스럽게도 희망과 두려움 사이에서 끊임없이 동요하게 된다. 이런 지경에 이르면 대다수의 인간은 무엇이든 아주 쉽게 믿어 버리고 만다. 평소에는 스스로를 신뢰하는 마음에 으스대고 오만하게 굴다가도, 일단 의심이 들기 시작해 희망과 두려움이 교차할 때는 아주 작은 자극에도 양극단을 오가게 된다.

―『신학정치론』

### 낮에는 일하고 밤에는 글을 쓰다

포르투갈계 유대인 가정에서 태어났다. 스피노자의 아버지는 가톨릭으로 개종하라는 강요와 종교재판을 피해 네덜란드로 이주한 사람이었다. 그 또한 집안의 종교적 전통을 따라 랍비가 되려 하였으나 홉스와 데카르트의 저서들을 탐독하면서 마음을 바꾸었다. 이후에는 점점 더 유대교에서 멀어졌으며 결국 1656년에 이단적인 사상을 지녔다는 이유로 유대 교단에서 파문당했다.

안경알을 깎아 생계를 유지하는 가난한 생활을 하면서도 철학적 탐구를 게을리하지 않았고, 당대 유럽의 주요 지성인들과 서신을 주고받으며 활발히 교류했다. 1670년에 익명으로 출판한 『신학정치론』이 그의 저서로 밝혀지자 이 책에서 주장한 합리론과 관련해 엄청난 파문이 일었다. 청렴한 사색의 삶을 이어가던 그는 폐결핵으로 짧은 생을 마쳤다.

○ 군주제를 유지하는 최고의 비결은 대중을 통제할 목적으로
유발시킨 공포를 종교라는 허울 좋은 이름으로 가장하고,
이 같은 방식으로 계속 사람들을 기만하는 데 있다.
군주제 치하의 일반 대중은 노예제도가 무슨 구원이라도 되는 양
예속을 위해 필사적으로 싸우며, 군주라는 한 인간의 자긍심을 위해
기꺼이 자신의 피와 영혼을 바친다. 나아가 대중은 이 같은 일을
치욕으로 여기지 않고 오히려 최대의 영예라 생각한다.

## ○ 과거를 반복하고 싶지 않다면 과거를 연구하라.

○ 인간의 진정한 행복은
오직 지혜와 진리를 인식하는 데 있다.
단, 이는 절대로 다른 사람들보다
지혜로운 자가 되었거나 다른 사람들이
진정한 인식을 얻지 못했기 때문은 아니다.

○ 자신이 운수 대통하여
다른 사람들보다
행복하다고 여기는
사람은 참된 행복과
지복을 알지 못한다.
지극히 순진한 사람이
아니라면 이러한
기쁨은 시기나 악한
마음에서나 나올 수
있는 것이기 때문이다.

스피노자의 대표작 중 하나인
『신학정치론』의 일본어판

스피노자는 우주가 신과 동일하다고 보았다. '비인격적인 신'에 대한 그의 사상은 동시대의 사람들에게 반감을 사는 원인이 되었다.

○ 이해는 인정(認定)의 근본이 되는 이치다.

○ 신에 대한 사랑은 인간이 누릴 수 있는 최고의 행복이자 다시 없는 기쁨이고, 모든 인간 행위의 궁극적인 목적이자 목표다. 이 같은 사실이 일단 증명되고 나면 신을 사랑하는 사람은 누구나 오롯이 신의 법을 따르게 된다. 이는 신이 내릴 징벌이 두려워서가 아니며, 쾌락과 명성처럼 다른 어떤 것을 사랑해서도 아니다. 신을 인식하고 사랑하는 것은 지극한 선(善)이라는 사실을 알기에 그저 신을 알게 되었다는 것 하나로 충분한 것이다.

○ **종교가 자애와 평등을 실천하는 데 힘쓰고 최고 권력이 세속적인 문제든 신성한 문제든 오로지 행위로 나타난 것에만 관여한다면, 그리고 여타의 영역에서는 각자가 원하는 대로 생각하고 생각한 대로 말할 수 있도록 허용한다면, 국가는 확실히 발전할 것이다.**

# Thales

**탈레스**

소아시아 밀레투스 BC 624~BC 545

디오게네스 라에르티오스, 『그리스 철학자 열전(Lives of eminent philosophers)』, BC 3세기
조너선 반스, 『소크라테스 이전 철학자들(The Presocratic Philosophers)』, 1982
G. S. 커크, J. E. 레이븐, M. 스코필드 공저, 『소크라테스 이전 철학자들(The Presocratic Philosophers)』, 1983

다음은 탈레스가 했던 말들이라 전해진다.

"세상의 모든 존재 중에서 가장 오래된 것이 신인 이유는 타고났기 때문이다. 가장 아름다운 것이 세상인 이유는 신의 작품이기 때문이다. 가장 거대한 것이 공간인 이유는 만물을 감싸기 때문이다. 가장 빠른 것이 지성인 이유는 전체를 두루 살피기 때문이다. 가장 강한 것이 필연인 이유는 만물을 압도하기 때문이다. 가장 현명한 것이 시간인 이유는 모든 것을 명백히 밝히기 때문이다."

어느 날 탈레스가 "삶과 죽음에는 그 어떤 차이도 없다"라고 하자, 이 말을 들은 한 사람이 그를 책망하며 "그러는 당신은 왜 죽지 않는 것입니까?"라고 물었다. 그러자 대답하길, "왜냐면 차이가 없기 때문입니다"라고 했다. 또 언젠가는 낮과 밤중에 어떤 것이 먼저인지 알고 싶어 하는 사람이 있었다. 이 질문을 받은 탈레스는 이렇게 대답했다고 한다. "밤은 낮의 하루 전이었소."

— 디오게네스 라에트티오스, 『그리스 철학자 열전』

## 처음으로 만물의 근원이 무엇인지 묻다

그리스의 7대 현인(賢人) 중에서 일인자로 손꼽히며, 서양 철학사에서도 최초의 철학자로 평가받는다. 그는 최초로 만물의 근원에 대한 의문을 제기했는데, 만물이 생겨난 기원, 즉 '아르케'를 물이라 주장했다.

탈레스의 생애를 다룬 기록들에는 혼란스럽고 모순된 내용이 많다. 예를 들어, 그가 결혼하여 자식까지 두었다고 말하는 사람이 있는가 하면, 죽을 때까지 독신이었다고 말하는 사람도 있다. 또한 어떤 이는 그가 단 한 권의 책도 쓰지 않았다고 주장하지만, 또 어떤 이는 그가 '항해용 천문학'을 쓴 장본인이라고 주장한다.

● **어머니가 장가를 가라며 탈레스를 다그치자
그는 아직 너무 이르다고 둘러댔다고 한다.
몇 년이 흐른 뒤 더욱 다급해진 어머니가
한층 줄기차게 몰아세우자 그는
이제 너무 늦었다고 대답하였다.**

● 탈레스는 작은 곰 별자리를 관측해
페니키아인들이 그 별 무리를 따라
항해할 수 있도록 도와주었다.

● 히에로니무스는 탈레스가 사람의 그림자가
실제의 키와 똑같아지는 순간을 관찰했다가
똑같은 방식으로 피라미드의 높이도
그림자를 이용해 측정했다고 설명했다.

● 탈레스는 대지가 물로 지탱되어
배처럼 그 위에 떠 있다고 말했다.
또한 '땅이 흔들리는 것'은
사실은 물이 일렁여 지구도 같이
흔들리는 것이라 설명했다.

탈레스는 철학 이외의 분야에 대해서도 학문적 열정을 지닌 인물이었다. 젊었을 때 기하학과 천문학을 공부한 그는 할리스 강물의 흐름을 바꾸기 위해 수로를 파는 공사에 참여하기도 했다.

● **어떤 사람들은 영혼이 만물에 섞여 있다고 확신했는데, 어쩌면 이 같은 이유에서 탈레스도 만물이 신들로 가득 차 있다고 믿었을 것이다.**

●
사람들은 탈레스가 가난하다는 이유로 철학은 쓸모없는 학문이라 비난했다. 그러자 그는 하늘의 별들을 관찰한 뒤 이듬해에 올리브 수확이 대풍을 이룰 것이라 예측하였고, 올리브유를 짜는 모든 기계의 대여 보증금을 지불했다. 실제로 풍년이 들자 모두가 올리브유 짜는 기계를 빌리려 했고, 그는 자신이 원하는 비싼 가격에 대여해주며 많은 돈을 벌었다. 이로써 탈레스는 철학자가 원하기만 한다면 언제든 손쉽게 부자가 될 수 있지만, 관심을 갖는 것은 재화가 아니라는 사실을 세상 사람들에게 보여주었다.

# Thomas Aquinas

### 토마스 아퀴나스
나폴리 로카세카 1225~라치오 포사노바 1274

『대이교도대전(Summa Contra Gentiles)』, 1261~1264
『신학대전(Summa Theologica)』, 1265~1273
프레드릭 코플스톤, 『토마스 아퀴나스(Thomas Aquinas)』, 1960

인간의 지성과 아주 흡사한 사례로 눈을 들 수 있다.
인간의 눈은 색깔을 식별할 수 있는 충분한 빛이
주어지는 한 움직이는 대상을 선명하게 분간하고
색깔에도 민감하게 반응한다. 반면에 어떤 동물들은
눈 자체가 사물을 식별할 수 있을 만큼 충분한 빛을 발하기
때문에 낮보다는 되레 밤에 더욱 잘 볼 수 있다고 한다.
그러나 이 동물들은 빛이 거의 없을 때는 잘 움직이다가도
밝아지면 오히려 혼란을 겪게 되니 약한 눈을 타고난
격이다. 이와 유사한 일이 인간의 지성에도 일어난다.
우리의 지성은 자명한 것과 대면하면 마치 태양을 마주한
부엉이의 눈처럼 멀어버린다. 반면 우리가 이해할 수 있을
만큼 약한 빛이 비추면 충분히 지성을 발휘할 수 있다.

―『대이교도대전』

## 신앙과 이성의 조화를 꾀하다

스콜라철학을 대표하는 신학자다. 1323년에 가톨릭교회의 성인으로 시성되었고 1567년에 교회 학자로 공인되었다. 신앙과 이성의 조화를 꾀하려는 노력의 일환으로 아리스토텔레스의 철학을 가톨릭의 교리에 맞춰 재해석하였고, 특히 아우구스티누스, 아베로에스, 이븐 시나 등의 가르침을 종합하려 시도했다.
자신의 대표작인 『신학대전』에서 신의 존재를 증명하는 방법으로서 다섯 가지의 이성적인 길을 제시했다. 또한 아리스토텔레스 철학에 영향을 받아 신앙의 진리와 감각적 경험의 진리는 양립 가능하며 상호보관적이라 주장했다.

- 신과 그의 피조물을 일의적(一義的)인 의미로 파악하려 든다면 우리는 아무런 말도 할 수 없을 것이다.

- 설령 신의 존재가 자명한 진리는 아닐지라도, 우리가 알고 있는 신의 영향들로 그의 존재를 증명할 수 있다.

- **단번에 바다로 뛰어들지 말고 먼저 개울물에 몸을 적셔라. 쉬운 것에 의지해 차츰 어려운 것을 도모하는 편이 수월하기 때문이다.**

- 포도주(지혜) 저장고에 들어가고 싶다면, 당신의 작은 공부방을 끈기 있게 사랑해야 한다.

- 인류를 구원하려면 인간의 이성을 연구하는 분야인 철학적 원리들 이외에도 신의 계시를 토대로 한 교리가 필요하다.

'스콜라철학의 왕자'로도 알려진 토마스 아퀴나스는 신앙을 통한 인식과 감각에 기반한 인식이 상호보완적이라 주장함으로써 당시로써는 가히 혁명적이라 할 만한 사상을 전개했다.

토마스 아퀴나스의 저울은 신앙과 교회의 무류성(無謬性)을 향해 기울기도 했다.

- 우리의 자연적 인식은 감각에서 비롯되므로 단지 감각적인 것이 인도하는 곳까지 도달할 뿐이다.

- 침착하게 대화에 임하고, 서두르는 일 없이 논쟁의 장소에 다가가야 한다.

- **어느 누구도 너무 허물없이 대하지 말라. 지나친 친밀함은 상대방의 무시를 낳고, 본인에게도 공부를 면하려는 핑계가 된다.**

- 남의 일을 파헤치려 들지 말라.

# Voltaire

**볼테르**

프랑스 파리 1694~1778

『철학편지(Philosophical Letters)』, 1734
『철학사전(The Philosophical Dictionary)』, 1764
『관용론(Treatise on Tolerance)』, 1767

자연은 모든 인간에게 말했다. 내가 너희를 모두 약하고
무지하게 태어나게 함은 너희를 곧바로 땅에 심어
그 주검으로 땅을 비옥하게 만들기 위해서다. 너희는
약한 자들이니 서로 도울 것이며, 무지한 자들이니 서로
일깨워 도움이 될지어다. 내 너희에게 땅을 경작할 두 팔을
주었고, 서로 이끌도록 작은 이성의 빛을 주었노라. 또한
삶을 지탱할 수 있도록 서로가 서로를 도울 연민의 씨앗을
너희 가슴속에 심어 놓았노라. 이 씨앗을 못 쓰게 만들거나
썩히지 마라. 이 씨앗의 성스러움을 익히 알고 있을지니
자연의 소리를 여러 분파의 허접한 분노와 바꾸지 말지어다.

―『관용론』

## 평생 논란에 휩싸여 살다

1726년에 어느 귀족과의 말다툼 때문에 바스티유 감옥에 투옥된 뒤 영국으로 망명을 떠나야 했다. 이후 영국에서의 경험을 바탕으로 하여 비판을 담은 『철학서간』을 출판하자 다시 체포 영장이 발부되었고, 그는 로렌에 있는 샤틀레 후작 부인의 집으로 피신해야 했다.
샤틀레 후작 부인이 죽자 프로이센의 국왕 프리드리히 2세의 초청을 받아 베를린으로 향했다. 프랑스에서 추방되기도 하고 프리드리히 2세와 관계가 틀어진 후에는 스위스 제네바에 정착했다. 제네바 근처에 있는 페르네이의 농장에 머물면서도 신랄한 비판을 담은 저작 활동을 계속했고, 그로 인해 칼뱅주의가 팽배했던 스위스 사람들과 마찰을 빚었다. 그는 결국 생이 얼마 남지 않은 1778년 초가 되어서야 파리로 돌아올 수 있었으며, 프랑스 국민의 열광적인 환영을 받았다.

◉ 확실히 있기는 있는데
어디에 있는지 알지 못한 채
자신의 집을 찾아 헤매는 주정뱅이처럼
우리도 그렇게 행복을 찾아 헤맨다.

◉ 자애(自愛)는 인간 종족을 재생산하는
메커니즘만큼이나 필요한 일이며
우리에게 쾌락을 주지만
숨겨야 하는 일이기도 하다.

◉ 맹신과 종교의 관계는 점성술과 천문학의 관계와 같다.
이는 마치 정신이 아주 똑바로 박힌 어머니에게서
제대로 미친 딸이 나온 것과 같다.

◉ 인간이라는 종의 유약함과 사악함으로 보아
분명 이 땅에 존재하는 모든 맹신에 미혹되는 것은
그것이 인간을 죽음으로 몰아가지 않는 한
종교 없이 사는 것보다 훨씬 가치 있는 일이다.

볼테르의 흉상. 비판적 합리주의자인 볼테르는 자신의 확고한 사상을 고수하며 전제정치와 미신을 공격했다.

● 이신론(理神論)은 모든 종교 안에
유포된 또 하나의 종교다.
다른 자석들을 끌어당기는 자석처럼
이신론의 혈관들은 지하로 퍼져 있다.

● 세상에 존재하는 오백, 아니 육백 개의
종파 가운데 세상을 피바다로 만든
종파들도 있었는데, 왜 도처에 넘쳐나는
이신론자들은 단 한 번도 작은 소요조차
일으키지 않았는지 자문해보라.
그 이유는 이신론자들이 철학자이고,
철학자는 잘못된 생각을 할 수는 있어도
획책하는 사람은 아니기 때문이다.

● 리스본에서 대지진이 일어나 도시의 사분의 삼이 파괴되자,
그곳의 현자라는 사람들은 재난을 피할 방도를 강구했다.
모두 폐허에 파묻히는 천재지변을 막고자 이들이 찾아낸
가장 효과적인 방법은 시민들이 속죄하도록
장엄한 종교재판에서 화형을 내리는 것이었다.

● **관용은 강력한 정부의 조건이지만,
세금을 내지 않는 성직자가 있는 정부 치고
강력한 정부는 없다.**

# Max Weber

## 막스 베버
독일 에르푸르트 1864~독일 뮌헨 1920

『종교사회학(Sociology of Religion)』, 1904~1918
『프로테스탄티즘의 윤리와 자본주의 정신(The Protestant Ethic and the Spirit of Capitalism)』, 1905

청교도인이 근면한 사람이 되고자 했다면, 우리는 근면한 사람이 되지 않을 수 없다. 금욕주의가 수도사의 작은 방에서 나와 직업의 세계로 옮겨가고 세속화된 윤리를 지배하기 시작하자, 금욕은 곧바로 근대적인 경제 질서의 구축에 참여했다. 이 같은 질서는 모든 개인의 생활양식에 불가피하게 영향을 끼치는 기계적 생산의 경제적·기술적 조건들과 연관되어 있다. 리처드 백스터에 따르면 외적인 부의 성공은 언제든 쉽게 벗어던질 수 있는 가벼운 외투처럼 성자들의 어깨에 걸쳐도 무겁지 않아야 한다고 했다. 그러나 운명은 이 망토를 강철 감옥으로 만들어버렸다.

—『프로테스탄티즘의 윤리와 자본주의 정신』

## 가톨릭과 프로테스탄트에 대해 말하다

하이델베르크를 비롯한 독일의 여러 대학에서 교수 생활을 했다. 극심한 신경쇠약으로 1898년부터 1906년까지 강의 활동을 중단했는데, 이 기간에 그의 대표작인 『프로테스탄티즘의 윤리와 자본주의 정신』을 출판했다. 그 책에서 그는 근대를 세계에 대한 환멸을 특징으로 하는 세속화의 시대라고 정의했다.

그는 사회적 현상들이 (마르크스가 주장한 것처럼) 경제적인 요인들이 좌우되는 것이 아니라 관념의 영향을 받는다고 보았다. 같은 맥락에서 산업 자본주의의 발달은 16세기와 17세기에 걸쳐 서양에서 지배적 관념으로 작용했던 개신교 윤리, 특히 칼뱅주의의 결과라고 설명했다.

◯ 국가는 존립을 위해 합법적인
폭력 사용의 독점권을 주장하는 독립체이며
다른 방식으로는 정의될 수 없다.

◯ 정치를 하는 사람은 권력을 지향한다.
정치인이 열망하는 권력은
(이상주의적이든 이기주의적이든)
다른 목적들을 실현하기 위한 수단이거나
그 자신이 생각하는 권위 의식을
향유하기 위한 '권력을 위한 권력'이다.

◯ **권력은 한 인간 혹은 일정한 수의 인간들로
구성된 집단이 행위에 참여하는 다른 사람들의
반대에 맞서서라도 자신의 의지를 실현할 수 있는 기회다.**

◯ 우리를 가장 감동시키는 최고의 이상들은
오직 우리의 이상만큼이나 신성한
또 다른 이상에 대항함으로써 얻을 수 있다.

베버는 자본주의가 기계적 생산 체제로
탈바꿈하기 위해 개신교적 기원과 단절
했다고 주장했다.

막스 베버는 사회학과 공공정책학 분야의 근대적 연구 토대를 마련한 학자로 평가되고 있다.

- 전쟁이 폭력적인 위협에 맞선 합리적 대응으로 인정되는 한 이는 근대적 정치 공동체들에게 일종의 비애감과 공동체 의식을 형성하고, 전사들에게서 헌신을 이끌어내는 것은 물론 절대적 희생의 공동체를 만들도록 유도한다. 나아가 대중적 현상으로서 능동적인 연민을 자아내며, 자연적인 연합들의 모든 장벽을 뛰어넘어 도움을 필요로 하는 자를 향한 사랑을 이끌어낸다.

- 가톨릭 신자는 프로테스탄트와 비교할 때 영리를 추구하고자 하는 충동이 거의 없기 때문에 한층 평온하다. 가톨릭 신자는 불확실한 영예와 부의 축적을 위해 지속적인 위험과 자극을 감수하는 삶보다는 비록 적은 수입을 얻더라도 안정된 삶을 영위하기를 선호한다.

- '잘 먹을 것인가 아니면 두 다리 쭉 뻗고 잘 것인가'라는 속담이 있다. 이 속담을 빌려 비교하자면, 가톨릭 신자는 편안히 자는 쪽을 선호하는 반면 프로테스탄트는 잘 먹는 것을 선택하는 쪽이다.

# Simone Weil

### 시몬 베유
프랑스 파리 1909~영국 애쉬포드 1943

『억압과 자유(Oppression and Liberty)』, 1934
『신을 기다리며(Waiting for God)』, 1941~1942
『중력과 은총(Gravity and Grace)』, 1941~1942

절망적인 심정으로 상대적인 도덕의 영역에서 벗어나
절대적인 선(善)을 향한 길을 찾아 헤매는 사람들이 있다.
이 같은 철학자들로는 서로 다른 가치를 추구했던 영혼들인
플라톤과 파스칼을 들 수 있고, 이상해 보일 수 있지만
마르크스도 여기에 포함된다. 진정한 길은 분명 존재하며
플라톤을 비롯한 많은 철학자가 그 길을 걸어갔다.
나는 찾을 수 없다고 생각해서 그만두었지만, 다른 모든
종류의 추구를 배제한 채 오직 그 길을 찾겠다는 열망을
포기하지 못하는 사람들에겐 실제로 열려 있는 길이다.
그 길을 걸어간 사람들은 이 세상 밖에 존재하기에 그 어떤
사회적 영향에도 지배받지 않는 선의 자양을 공급받는다.
이것이 바로 주기도문의 원형이 언급한 초월적인 양식이다.

— 『억압과 자유』

## 억압당하는 사람들을 살피다

유대인의 집안에서 태어나 아주 젊었을 때부터 철학에 관심이 많았다. 스물두 살 때 파리 고등 사범학교를 졸업한 뒤 교사가 되었다. 사회주의 및 노동운동에 관심이 많아 공장에 들어가 일 년 이상 노동자로 살기도 했다.

1936년에 무정부주의자들과 함께 스페인 내전에 참여했고, 1940년에 나치즘을 피해 파리에서 마르세유로 피신했다. 또한 1942년에 영국으로 이주했고 말년에는 기독교적인 신앙에 한층 가까워지기도 했다. 그녀는 서른네 살의 젊은 나이에 폐결핵으로 생을 마감했다. 그녀가 남긴 유고는 많은 철학자, 작가, 신학자, 사회학자들의 관심을 받았다.

● 사랑은 타인이 나와는 다른 사람이고
나의 상상으로 태어난 피조물이 아니라는 사실을
인정하는 것이다.

● 같은 말이라도 어떻게 하느냐에 따라
비속한 말이 되기도 하고, 특별한 말이 되기도 한다.
이러한 형식의 차이는 각각의 존재가 유래한
영역의 깊이에 따라 달라진다.
동일한 존재의 영역에서 타인의 말을 듣는 사람들은
경이로운 화음을 이루며 연주하는 것과 같다.
이처럼 분별력이 있는 사람이라면
자신이 들은 말이 지닌 가치를 식별할 수 있다.

● 편견에 맞서 싸우려는 의지가
어떻게 편견에 물들었다는
확실한 징표가 된단 말인가?

● **고뇌와 싸울 때는 결코 평온함을 얻지 못한다.
고뇌와의 싸움은 또 다른 형태의
새로운 고뇌를 만들 뿐이다.**

● 모욕은 우리가 내부에 가지고 있는 타락을
다른 사람들에게 전이하는 것이다.

● 나는 가끔씩 교회의 정문 앞에 얼마간의 액수를 상회하는
수입을 누리는 자는 출입을 금한다는 벽보를 붙인다면
그 자리에서 개종하겠다고 되뇐다.

● 나는 세상을 살아가며 많은 죄악을 범하거나 겪었으며
때로는 목격하기도 했다. 하지만 그 모든 경험에도
불구하고 모든 인간의 가슴 깊은 곳에는
아주 어린 시절부터 무덤에 이를 때까지
악이 아니라 선이 이루어질 거라고 기대한다.
거기에는 정말 불굴의 무언가가 있다.

● **우리는 유한한 존재이기에
우리 안의 악도 유한하다.
따라서 인간의 삶이 충분히 지속된다면,
모든 악으로부터 자유로워진
자신을 보게 될 것이다.
나는 반드시 그런 날이 오리라 확신한다.**

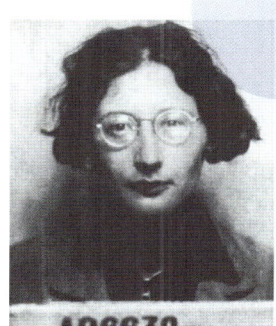

시몬 베유는 신앙을 가졌다고 할 수 있지만 스스로 세례를 받을 만한 자격이 없다고 생각하여 결국, 세례를 받지 않았다.

# Ludwig Wittgenstein
## 루트비히 비트겐슈타인
오스트리아 빈 1889~영국 케임브리지 1951

『논리-철학논고(Logical-Philosophical Treatise)』, 1921
『철학적 탐구(Philosophical Investigations)』, 1953
『청갈색 책(The Blue and Brown Books)』, 1958

죽음은 결코 삶의 사건이 아니다. 죽음은 살아볼 수 없는
것이기 때문이다. 영원을 무한한 시간의 지속이 아니라
무시간성으로 이해한다면, 현재를 사는 사람은 영원히
사는 것이다. 인간 영혼의 시간적 불멸성, 다시 말해
죽음 이후에도 계속되는 인간의 영원한 생존은 어떤
방식으로도 보증되지 않았다. 그뿐만 아니라 원초적으로
이 같은 가정에 입각해 인간이 항상 성취하고자 갈망했던
것을 제공하지도 못했다. 내가 영원히 산다는 사실이 행여
불가사의한 수수께끼를 해결해주기라도 한단 말인가?
이 영원한 삶도 현재의 삶만큼이나 불가사의하지 않은가?

— 『논리철학논고』

### "멋진 삶을 살았다고 전해주게나"

분석철학의 발전에 족적을 남긴 철학자이자 20세기에 가장 영향력 있는 철학자 중 한 사람으로 꼽힌다. 케임브리지 트리니티 대학에서 버트런드 러셀의 제자로 수학했다. 그는 철학의 모든 문제에 대해 결정적인 답을 제시하기 위해 첫 번째 저서 『논리철학논고』를 집필했지만 이후 출간된 『철학적 탐구』에서 앞선 저작에서 내렸던 결론들의 상당 부분을 다시 논하였다.
비트겐슈타인은 말년에 이르러 전립선암으로 고통받았지만 치료를 거부하였고, 제자인 엘리사벳 앤스콤의 곁에서 조용히 생을 마감했다. 세상을 떠나며 그는 "멋진 삶을 살았다고 전해주게나"라는 말을 남겼다고 한다.

● 철학은 우리의 지성이 부리는
요술에 맞서 언어와 벌이는 전투다.

● 모든 철학적 문제는
'이 진창에서
나올 방법을 나는
알지 못한다'라는
형식으로 시작된다.

● 우리의 말은 오직 사실들만을 표현한다.
이는 물 일 리터를 찻잔에 붓는다 해도 잔에
담을 수 있는 물의 양은 잔 만큼밖에 되지
않는 것과 같다.

● 내 언어의 한계는 곧 내 세계가 지닌 한계다.

● **나에게 진정한 발견은 언제든지 원하면
철학하는 것을 그만둘 수 있다는 깨달음이다.
휴식을 취하고자 철학을 챙기는 사람,
더 이상 철학이 던지는 질문들 때문에
자책하지 않는 사람이 되는 것이다.**

비트겐슈타인은 1999년에 시사주간지 「타임」이 선정한 '20세기 가장 영향력 있는 백명의 인물'에 선정되었다.

머리를 맑게 갠 상태로 유지하여 일상적인 사유에 머물러야 한다는
진리를 깨닫는 것은 몹시 어려운 일이며, 오히려 극도로 섬세한
것들을 설명하려 하는 과오를 저지르기 쉽다. 이는 극히 섬세한
것들이 인간이 지닌 수단들로는 절대 식별할 수 없으며,
마치 인간의 손가락으로 거미줄을 수선하는 것과 같기 때문이다.

**철학에서는 답변을 제시하는 것보다
문제를 제기하는 편이 낫다.
철학적인 문제에 대한 대답은
쉽사리 오류로 판명될 수 있지만,
다른 문제의 제기를 통해 논의를
마무리하는 것은 그렇지 않기 때문이다.**

나는 이 세계가 존재한다는 사실을 안다.
이곳에 우리가 세계의 의미라 부르는
불확실한 문제가 있지만,
그 의미는 세계 안이 아니라
그 밖에 존재한다는 사실도 안다.
또한 삶이 세계이며,
내 의지가 세계를 관통하고,
삶의 의미 혹은 세계의 의미를
신이라 부를 수 있음도 안다.
세계의 의미와 연관을 맺는 것은
신과 아버지를 비교하는 것과 같고,
삶의 의미를 사유하는 것은
곧 기도하는 것이다.

# Slavoj Zizek

## 슬라보예 지젝

슬로베니아 류블랴나 1949~

『이데올로기의 숭고한 대상(The Sublime Object of Ideology)』, 1989
『당신의 징후를 즐겨라: 할리우드의 정신분석(Enjoy Your Symptom!: Jacques Lacan in Hollywood and out)』, 1992
『실재계 사막으로의 환대(Welcome to the desert of the real)』, 2002

확고하고 무기력한 것, 바보스럽게 항상 거기에 있는 것이 일상적인 현실이라면, 반대로 절대적인 것은 한층 연약하고 허망하다. 그렇다면 절대적인 것이란 무엇인가? 아름다운 여인의 달콤한 미소처럼, 만약 미소 짓지 않았다면 추하고 무례하게 보였을 어떤 사람의 진심 어린 미소처럼, 절대적인 것은 눈 깜빡할 사이에 지나쳐버리는 경험들 속에서 그 모습을 드러낸다. 이처럼 지극히 연약하지만 가히 기적과도 같은 순간에 우리의 현실에서 움터 오른 어떤 새로운 차원이 있다. 단, 절대적인 것은 있는 그대로 보았을 때 쉽사리 부식되어 우리의 손아귀를 빠져나가므로 마치 나비를 잡는 것처럼 조심스럽게 붙들어야 한다.

—『무너지기 쉬운 절대성(The absolute fragile)』

## '동유럽의 기적'이라 불리는 세계적 석학

학계가 인정하는 세계적인 석학이자 현대 문화에 대한 비판 이론가로서 오늘날 가장 영향력 있는 철학자 중 한 사람으로 손꼽힌다. 파리 대학에서 철학과 정신분석학을 공부한 후에 전 세계의 유수한 대학과 교등 기관에서 초청 교수로 재직했으며, 현재 슬로베니아 류블라나 대학의 사회철학 연구소 선임연구원으로 있다.

그의 저서에는 마르크스, 헤겔 및 라캉의 흔적이 뚜렷이 나타나는데, 특히 라캉의 영향을 바탕으로 정신분석학의 관점에서 분석한 현대 사회에 대한 관점이 탁월하다. 그의 분석은 원리주의, 관용, 현재의 국제 정치에 나타나는 충돌 문제에서부터 할리우드 영화에 이르기까지 광범위한 주제들을 포괄한다.

● 나는 철학적인 대화를 믿지 않는다. 철학은 항상 독단적이었다. 아니면 그저 오해에 지나지 않았다. 아리스토텔레스는 플라톤을, 마르크스는 헤겔을, 헤겔은 칸트를 오해했다. 플라톤은 어떤가? 플라톤의 『대화편』이야말로 가짜 중의 가짜다. 이 책의 내용은 한 사람이 긴 이야기를 끝내고 나면 그 즉시 다른 사람이 "제우스에 따르면 당신 말이 맞소"라고 장단을 맞추는 것이 전부다.

● **나는 헤겔의 사상을 음미하지만
할리우드의 영화를 즐기는 척한다.
실제로 할리우드의 영화를 즐기면서
마치 헤겔의 사상을 향유하는 양
꾸미는 일은 내 동료들이 하는 짓이다.**

● 사랑에 빠진 사람은 외양을 신뢰함으로써 타자를 진정 있는 그대로 보게 된다. 그 사람에게 약점이 있지만 그래도 포용하고 사랑한다는 의미가 아니라 오히려 그 약점 때문에 그를 사랑한다.

● 헛된 우상화는 상대를 이상화하는 탓에 타인의 약점 앞에서 눈이 멀어 버리지만, 반대로 진정한 사랑은 사랑하는 사람을 있는 그대로 수용하고 상대를 무조건적인 대상의 자리에 놓는 데 만족한다.

● **자신과 같은 처지에 놓인 사람들을 불신하는 자는 역설적으로
그 같은 냉소적 불신으로 인해 가장 극단적인 자기기만의 희생자가 된다.**

지젝은 '대중적인' 것에서 출발한 철학을 지향하며, 이를 위해 다른 많은 사상가에게 특징적인 지적 엘리트주의를 과감히 떨쳐버린다. 이 같은 관점에서 (사진에 나오는) 라캉의 저서들을 연구하는 한편, 여느 철학자들과 달리 대중문화의 한 단면인 히치콕과 스티븐 킹의 작품들을 분석했다.

지젝은 자신의 정치적 신념을 충실히 이행하는 활동가로 알려져 있으며, 1990년에는 이탈리아 대통령 후보로 출마하기도 했다.

우리의 가면 뒤에
숨겨진 것이 아니라
오히려 그 가면에
더 많은 진실이 담겨 있다.

하느님 아버지가 이처럼 고통과 불의로 가득 찬 불완전한 세상을 창조하셨고, 당신이 함부로 저지른 이 엉터리 실수를 만회하고 인류에게 용서받고자 예수님을 이 땅에 보내셨다고 생각해보자. 이렇게 예수님의 죽음은 하나님께서 인류에게 진 빚을 갚는 방편이라면 과연 어떤 일이 일어나겠는가?

오늘날 히스테리는 무엇보다 취약한 영역, 다시 말해 우리의 물리적 혹은 신체적 정체성을 위협하는 영역에 자리한다. 이는 성희롱부터 음식과 담배의 위협에 이르기까지 피해의 논리가 압도적인 우위를 차지한다는 점을 상기하면 쉽게 이해할 수 있는 사실이다. 이 같은 논리에 따르면 인간 주체 자체는 점점 더 '상처받을 수밖에 없는 존재'로 축소된다.

# INDEX

## 철학자 시대순으로 보기

| | | |
|---|---|---|
| BC 624~BC 545 | 탈레스 | 258 |
| BC 582~BC 507 | 피타고라스 | 206 |
| BC 540~BC 480 | 헤라클레이토스 | 144 |
| BC 500~BC 428 | 아낙사고라스 | 026 |
| BC 490~BC 430 | 엠페도클레스 | 104 |
| BC 485~BC 414 | 프로타고라스 | 218 |
| BC 470~BC 399 | 소크라테스 | 250 |
| BC 427~BC 347 | 플라톤 | 210 |
| BC 413~BC 324 | 디오게네스 | 098 |
| BC 384~BC 322 | 아리스토텔레스 | 034 |
| BC 341~BC 270 | 에피쿠로스 | 108 |
| BC 4~65 | 세네카 | 238 |
| 354~430 | 아우구스티누스 | 018 |
| 1225~1274 | 토마스 아퀴나스 | 262 |
| 1466~1536 | 에라스무스 | 112 |
| 1469~1527 | 니콜로 마키아벨리 | 186 |
| 1561~1626 | 프랜시스 베이컨 | 038 |
| 1588~1679 | 토마스 홉스 | 148 |
| 1596~1650 | 르네 데카르트 | 094 |
| 1632~1677 | 바뤼흐 스피노자 | 254 |
| 1632~1704 | 존 로크 | 176 |
| 1685~1753 | 조지 버클리 | 066 |
| 1694~1778 | 볼테르 | 266 |
| 1711~1776 | 데이비드 흄 | 156 |
| 1712~1778 | 장자크 루소 | 222 |
| 1724~1804 | 임마누엘 칸트 | 160 |
| 1748~1832 | 제러미 벤담 | 058 |
| 1770~1831 | 게오르크 헤겔 | 136 |
| 1788~1860 | 아르투어 쇼펜하우어 | 234 |
| 1798~1857 | 오귀스트 콩트 | 078 |
| 1806~1873 | 존 스튜어트 밀 | 198 |
| 1813~1855 | 쇠렌 키에르케고르 | 164 |
| 1818~1883 | 칼 마르크스 | 190 |
| 1844~1900 | 프리드리히 니체 | 202 |

| | | | | | |
|---|---|---|---|---|---|
| 1856~1939 | 지그문트 프로이트 | 124 | 1909~1943 | 시몬 베유 | 274 |
| 1858~1918 | 게오르크 짐멜 | 242 | 1911~1995 | 에밀 시오랑 | 074 |
| 1859~1941 | 앙리 베르그송 | 062 | 1913~1960 | 알베르 카뮈 | 070 |
| 1864~1920 | 막스 베버 | 270 | 1915~1980 | 롤랑 바르트 | 042 |
| 1872~1970 | 버트런드 러셀 | 226 | 1918~1990 | 루이 알튀세르 | 022 |
| 1889~1951 | 루트비히 비트겐슈타인 | 278 | 1922~1996 | 토마스 쿤 | 168 |
| 1889~1976 | 마르틴 하이데거 | 140 | 1924~1998 | 장 프랑수아 리오타르 | 180 |
| 1892~1940 | 발터 벤야민 | 054 | 1924~2013 | 아서 단토 | 082 |
| 1895~1973 | 막스 호르크하이머 | 152 | 1925~1995 | 질 들뢰즈 | 086 |
| 1900~1980 | 에리히 프롬 | 128 | 1926~1984 | 미셸 푸코 | 120 |
| 1900~2002 | 한스 게오르크 가다머 | 132 | 1929~2007 | 장 보드리야르 | 046 |
| 1902~1994 | 칼 포퍼 | 214 | 1930~2004 | 자크 데리다 | 090 |
| 1903~1969 | 테오도르 아도르노 | 014 | 1944~ | 질 리포베츠키 | 172 |
| 1905~1980 | 장 폴 사르트르 | 230 | 1946~ | 피터 싱어 | 246 |
| 1906~1975 | 한나 아렌트 | 030 | 1949~ | 슬라보예 지젝 | 282 |
| 1908~1961 | 모리스 메를로퐁티 | 194 | 1951~ | 뤽 페리 | 116 |
| 1908~1986 | 시몬 드 보부아르 | 050 | | | |